다이로나

디어 로나

첫판 1쇄 | 2012년 06월 12일

지은이 | 박용남
편집 · 발행인 | 김은옥
펴낸곳 | 올리브북스

주소 | 부천시 원미구 중동 1152-3 메트로팰리스 1차 B동 328호
전화 | 032-233-2427
이메일 | kimeunok@empal.com

출판등록 | 제387-2007-00012호

ISBN 978-89-94035-19-2 03230

■ 총판 소망사 | 02-392-4232(전화), 392-4231(팩스)

Thank you for your email.

I am happy to tell you that it will be possible for
the Korean Church to use the church building this
Sunday and the following Sundays up until our next
Committee meeting on the evening of
April, when we hope to be clear
options, and should also be in a
our ability to draw up a longer t
arrangement on a contractual ba
Road Church and the Korean Chu
This comes to you with warm good

동행과 섬김의 편지

디어로나

Dear Lorna

박용남 지음

올리브북스
Olive Books

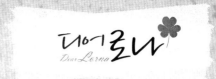

90학번으로 대학 생활을 시작한 나에게 세계사와 교회사의 중심 무대였던 유럽은 책으로만 접할 수 있는 먼 나라였다. 독일에서 공부하셨던 교수님들마저 독일어가 어렵고 유럽의 교회는 이미 쇠퇴했으니 신학을 공부하려면 미국으로 갈 것을 권유하셨다. 물론 그 답변이 지나친 일반화의 오류라는 반론을 제기하고 싶은 마음이 전혀 없었던 것은 아니지만, 외국 생활을 경험하지 못한 처지에 주눅이 들어 반론을 제기하지 못했다.

아울러 90년대 중반을 지나면서 유럽 여행자 수가 증가하던 시절, 유럽을 여행하고 돌아온 많은 목회자들이 대부분의 유럽 교회들이 급속도로 쇠퇴해 가고 있다는 잠정적인 결론에 동의하고 있었다. 미국 신학의 장점과 단점들을 조금씩 깨우쳐 가던 신학적 개안을 경험했던 대학원을 마치고, 인적이 드문 동부 전선 깊은 산골에서 첫 목회를 하면서도, 기회가 되면 유럽의 교회사와 기독교 영성의 줄기를 더듬어 보고 싶은 열망을 막연하게나마 품고 있었다.

그러던 2005년, 산과 들에 봄꽃이 지천으로 피던 어느 날, 마침내 2년여 동안의 교회 건축을 마무리 하던 그 햇살 따가운 봄날! 유럽으로의 떠남이 불가능하지만은 않겠다는 생각 한줄기가 내 마음에 봄볕처럼 내려왔다.

제임스 조이스의 책과 예이츠와 셰이머스 히니(Seamus Heaney)의 시집을 꺼내서 읽으며, 몇 달 동안 생각을 가다듬고 숙고와 기도를 거듭한 후에 그해 가을이 시작될 무렵 짐을 꾸릴 수 있었다. 아는 이 아무도 없는 길을 떠나지만 설레는 마음으로 마침내 9월에 유럽 기독교 영성의 한 축을 형성하고 있는 켈트 영성의 중심지인 아일랜드 더블린으로 가는 비행기에 몸을 실었다.

더블린 시내 오커넬 대교에서 만난 두 명의 젊은 교우와 첫 성경공부 모임을 시작했고, 그 시작이 지금의 더블린한인교회가 되었다.

예배당에서 첫 예배를 드린 것은 2006년 부활절 무렵이다. 예배를 드릴 수 있는 교회를 찾기가 쉽지 않았던 것은 아무래도 개신교회가 매우 소수인 더블린의 상황 때문이기도 했다. 당시 더블린은 이민자보다는 유학생들이 더 많았다. 그래서 더블린한인교회를 세우는 과정에서 초기 멤버들과 많은 신선한 도전을 할 수 있었다. 돌아보면 그때 있었던 일들은 우리가 누렸던 큰 은혜였고 기쁨이었다.

교회의 첫 구성원은 목회자 가정을 제외하고 대부분 젊은 청년들이었다. 그래서 재정부, 선교부, 예배부, 관리부, 문화부의 장들이 청년들이었으며, 소위 말하는 '청년의' '청년에 의한' '청년을 위한' 교회로 첫 여정을 출발했다. 물론 주변의 걱정과 염려의 소리를 듣지 못한 것은 아니다. 자기만 알고 이기적이며 대학에서는 큰 배움보다 신입생 때부터 취업만 걱정하고 자립심이 낮은 젊은 이들만 보고 어떻게 이민목회를 시작하느냐고, 목회를 도울 가정이 없으면 매우 힘들 것이라고……

하지만 강원도 첫 목회지에서 평균연령 60대인 산골 교회와 평균연령 23세인 군인 교회를 오전 오후로 인도해야 했던 롤러코스터 목회를 이미 6년 동안 경험했기 때문에, 이방 땅에 첫 한인 교회를 세우는 작은 이정표가 되고자 하는 마음과 늘 감사하는 순례자의 믿음으로 이민목회를 시작할 수 있었다.

이 과정에서 우리와 함께 더블린한인교회라는 신앙공동체에 함께 승선한 이가 로나 박사다.

로나 카슨(Lorna Carson), 아일랜드 최고의 대학인 트리니티 대학교(Trinity College University)의 언어학 교수다. 이미 40세 이전에 언어학 분야에서 실력을 인정받았으며, 게다가 유럽에서 좀처럼 찾아보기 힘든 그리스도인이다. 솔직히 처음에는 그저 마음씨 착한 젊은 대학 선생님으로만 생각했었다. 하지만 그녀를 알면 알수록 우리의 요란한 신앙은 고개를 숙일 수 밖에 없었다.

유럽을 여행하거나 거쳐 간 많은 한국의 그리스도인들이 유럽 교회는 죽었다고 이구동성으로 말한다. 사실 우리도 그 물결의 대세를 내심 인정했었다. 그러나 더블린한인교회를 지난 7년 동안 거쳐 간 천여 명의 유학생들은 로나 박사의 믿음과 실천을 목도하고 체험하면서 유럽의 기독교가 죽었다고 감히 말할 수 없게 되었다.

그녀가 한인 청년들을 위해 나와 함께 병원 응급실에 달려간 날을 다 헤아릴 수 없고, 레스토랑 주방에서 일하다 상처나 화상을 입으면, 그녀는 직접 매니저를 찾아가서 그들의 월급을 대신 받아 주었다. 로나 박사는 주일 오전이면 현지 예배를 드리고, 오후 2시에 시작하는 한인 예배에 참석하고 셀 리더로 성경공부를 인도하며 한인 교회의 임원으로 성실하고 아름답게 함께했다.

로나! 하고 부르면 더블린한인교회를 거쳐 간 천여 명의 교우들의 마음은 저마다 그녀가 베풀어준 사랑과 관심과 위로로 마음이 따스해진다.

로나 박사의 집에는 전기 밥솥이 있고, 10킬로그램짜리 쌀자루가 떨어지질 않는다. 해외 생활에 지치고 허기진 한국 유학생들에게 밥상을 차려주는 이가 로나 박사다. 주룩주룩 비가 오는 날이면 김치찌개가 생각난다며 전화하는 그녀! 바쁜 강의와 연구 일정에도 늘 성경 읽는 습관을 멈추지 않는 그녀!

이 책의 1부는 로나 박사와 나눈 편지, 그리고 대화와 답변 등을 토대로 더블린한인교회 설립 과정, 아일랜드에서의 경험과 해외에서 믿음을 지키며 살고자 애쓴 흔적들을 기록했다.

2부는 더블린한인교회 주보에 연재한 단상을 모아서 정리했으며, 유럽에서의 문화적 경험과 이곳에서 배운 새로운 이야기들을 다루었다. 이 목회 단상은 주중에는 모이기 어려운 해외에서의 어려움을 다소나마 해소해 보고자, 삶과 단절되지 않은 믿음의 길에 대해 고민하고 묵상한 내용이다.

3부는 아일랜드와 더블린에 관련된 글을 모았다. 화려하지는 않지만, 정서적인 수줍음과 서정적인 장소들, 그 장소들에 얽힌 기억들을 중심으로 풀어 보았다.

4부는 더블린한인교회를 섬기다 귀국하거나 다른 나라로 이동한 교우들의 글이다.

이 책이 더블린한인교회의 역사가 담긴 소중한 고백이 되길 바라며, 우리가 주님과 동행하며 나누었던 이정표가 되길 바란다. 그리고 교회가 쇠퇴할 때에도 주님은 여전히 교회 됨의 불씨를 간직한 남은 자를 통해 일하고 계심을 잊지 않고 싶었다.

이 책이 나오도록 목회의 동역자가 되어 주신 로나 박사와 교회 임원들과 셀 리더들, 그리고 교우들에게 감사의 마음을 전한다. 그리고 머나먼 고국에서 처음으로 더블린한인교회를 방문해 주신 김영원 목사님께 감사드린다. 아이슬란드의 화산으로 유럽의 모든 공항이 폐쇄되었을 때, 연로하신 목사님 내외는 런던에서 버스와 배를 갈아타는 19세기 방식의 긴 여행으로 장장 14시간에 걸쳐 더블린 항구로 입국하였고 다시 그 항구에서 출국한 최초의 한국인이 되셨다.

마지막으로 이 책이 나오도록 격려해 주신 올리브북스 김은옥 선생님, 원고 교정을 도와준 손소영, 임소희, 양진실 교우에게도 고마움을 전한다. 아울러 사진 촬영을 해주신 더블린 목회의 동반자 이승규 집사와 촬영을 도운 석지연 교우에게도 감사의 마음을 전한다.

2012년 5월에

박용남 목사

늘 보따리 쌀 준비를 하고 동행하는 사랑하는 아내 세진,
바라보는 것만으로도 기쁨을 주는 나의 아이들
여율, 주원, 명원에게 이 책을 전합니다.

1부

디어 로나

낮선 땅에서 낮선 사람에게 받은 뜨거운 커피 한 잔과 도넛. 아일랜드에서의 첫 크리스마스 선물. "잘될 거야. 잘될 거야"라는 그의 음성이 차창 너머로 밀려와 마음에 메아리칩니다.

 작은 가능성을 찾아서

박 목사님, 안녕하십니까! 저는 트리니티 대학교에서 언어학 강의를 맡고 있는 로나 카슨입니다. 박 목사님과 한국 교인들에게 저희 아델라이드 로드 교회와 프랭크 셀러 담임 목사님을 소개해 드릴 수 있어서 개인적으로 기쁘게 생각합니다. 이 밤 주님의 풍성한 은혜가 목사님과 목사님 가정에 함께하시길 바랍니다.

로나

Dear Rev. Park

Greeting! I'm Lorna Carson the lecturer in the department of Lingustics, TCD. It is my pleasure to introduce Adelaide Road Church and Rev. Frank Sellar to you and Korean Christians. Richest blessings on you and your family this evening.

Lorna

Dear Lorna!

주님의 이름으로 문안합니다. 트리니티 대학교 수학과 강사이신 황 선생에게 큰 도움을 주셔서 감사합니다. 저는 황 선생님과 더블린에 살고 있는 한국인 유학생들이 함께 예배드릴 교회를 찾고 있습니다. 가을부터 줄곧 더블린 시내에 있는 개신교회들을 방문하거나 전화로 방문 일정을 잡아서 한인 예배를 드릴 수 있는 교회를 찾았습니다. 그러나 대부분의 교회는 이미 오후에 다른 행사가 있거나 안전과 보험상의 이유로 교회 사용을 허락하지 않았습니다.

현지 교회의 11시 예배 시간을 피해, 주일 아침 이른 시간이나 오후 아무 때나 괜찮습니다. 모국어로 예배할 곳을 찾기 위해 동분서주하는 저를 위해 황 선생님이 우연히 학교에서 로나 교수님을 만나 예배처를 부탁했는데, 귀하가 섬기는 교회 목사님과의 만남을 주선해 주셔서 다시 한 번 감사드립니다.

크리스마스 전에는 꼭 예배드릴 교회를 찾을 수 있기를 기도했습니다. 소중한 만남이 되기를 소망합니다. 하나님의 축복이 함께 하시길…….

박 목사님!

프랭크 목사님의 메일을 첨부합니다.

주님이 길을 열어 주시리라 믿으며, 로나

안녕하세요, 박 목사님!

이번 주에 저희 교인들과 목사님의 사연을 나누었습니다. 모두들 관심과 도움을 주고 싶어 했습니다. 목사님도 예상하고 계시겠지만, 교회 건물이 관리인들의 감독하에 있기 때문에 지금 당장 예배실을 제공하기는 어려울 것 같습니다.

오후에 예배실을 제공하기 전까지 교회에 상주할 관리인을 구하는 데 두어 달 정도 걸릴 것 같습니다. 적합한 사람을 찾는 동안에도 계속 저희와 연락했으면 좋겠습니다. 혹시 예배실 말고 아이들을 위한 공간도 필요한지 궁금합니다.

마음을 전하며, 프랭크

Dear Rev. Park

Greeting! I send you the reply by Frank.

May God make a way for you.

Lorna

Dear Rev. Park

Hello, Pastor Park. Your letter was brought to the church committee this week, and they are keen to be of assistance, though as anticipated, they would not be able to offer accommodation while we are in between guardian caretakers.

It would be necessary for us to have a guardian living on site before we could open up the church in the afternoon.

This we would hope to be able to do within the next two months or so, and meanwhile we would like you to keep in touch with us. Would you need to have a room for children as well as for the church service?

With best good wishes,

from Frank

Dear Lorna!

성탄절을 앞두고 인사합니다.

며칠 전 프랭크 셀러 목사님과의 만남에 다시 한 번 감사드립니다. 더블린에 도착한 이후 시내를 돌아다니며 예배드릴 수 있는 교회를 찾아다녔습니다.

석 달 만에 처음으로 로나 박사님이 출석하는 교회 목사님이 먼저 전화를 주셔서 약속을 잡았습니다. 그동안 많은 교회 문을 열 때마다 교회 관리인들로부터 문전박대를 받았는데, 처음으로 담임 목사님이 직접 나오셔서 반겨 주셨습니다. 비가 내리는 쌀쌀했던 그날! 프랭크 목사님은 제 품 안의 아이를 얼른 받아 안고, 차가운 제 손을 꼭 잡아 주시고 예배당 안으로 안내해 주셨습니다. 그분이 그렇게 제 손을 잡아 주었을 때, 여러 교회를 방문하면서 거절당했던 서러움이 가슴 저편에서 솟아올라왔습니다. 프랭크 목사님의 잔잔한 초대의 말이 제 귀에는 주님의 음성처럼 들렸습니다.

"박 목사! 고생했다. 그만하면 됐다."

게다가 시월이 되어 서머타임이 끝나고 나니 오후 네 시가 조금 넘으면 유럽의 밤이 정말 빨리 온다는 것을 그때 처음으로 경험했습니다. 매일같이 아이를 안고 더블린 시내에 교회처럼 생긴 모든 곳을 찾아다녔습니다. 어떤 곳에서는 구걸하는 사람으로 오인받아 몇 개의 동전을 받기도 했고, 며칠 전에는 외진 골목에 있는 예배당을 찾다가 추리닝을 입고 떼로 몰려 다니는 십대 아이들에게 달걀과 물병을 온몸으로 맞기도 했습니다. 어린아이까지 안고 있는데 참 너무한다 싶다가도, 다치지 않은 것에 감사했습니다.

크리스마스가 며칠 남지 않았습니다. 집으로 돌아오니 아내와 아이가 캐럴을 부릅니다.

그 어린 주 예수 누울 곳 없어, 아름다우신 몸이 구유에 있네.
저 하늘의 별들 반짝이는데 그 어린 주 예수, 꼴 위에 자네.

이번 크리스마스에는 예배드릴 교회를 찾지 못해도, 겨울이 가고 봄이 오면 예배드릴 곳을 주시겠지요. 저 때문이 아니라, 이곳에 정말로 한인들을 위한 예배가 필요하다면 주님께서 누군가를 도구로 쓰시겠지요.

프랭크 목사님께 감사드리고 목사님을 만나게 해주신 로나 박사님께 다시 한 번 감사드립니다.

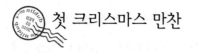 첫 크리스마스 만찬

박 목사님!

급히 즐거운 소식을 전합니다.

프랭크 목사님이 몇몇 교우들과 더불어 박 목사님 가족을 크리스마스 만찬에 초대하셨습니다. 26일 저녁 5시까지 목사님 댁으로 오시면 됩니다. 주소를 보냅니다. 시티 센터에서 11번 버스를 타면 20분 정도 걸립니다. 행복한 성탄절 되길, 로나

Dear Rev. Park

I let you know the message by Frank.

He invites you with others in Church to Christmas dinner. Please come to his house on 26th, 5 pm. I will send you his address soon. It is very easy to find his house. It takes twenty minutes from the city centre on bus 11.

Happy Christmas!

Lorna

Dear Lorna!

지난주 크리스마스에 로나 박사님과 함께 프랭크 목사님 가족의 초대를 받아서 너무 기뻤습니다. 외국 사람이 인사하려고 다가오면 악을 쓰며 울던 저희 딸아이가 아직 미혼이신 로나 박사님께 안기는 것을 보고 저희도 매우 놀랐습니다. 하지만 그것보다 더 놀란 것은 프랭크 목사님과 몇몇 교우들과 둘러앉은 식탁입니다. 태어나서 처음으로 한 식탁에 그렇게 감자로 만든 많은 종류의 음식이 차려질 수 있다는 사실에 놀라지 않을 수 없었습니다. 그 옛날 감자 흉년으로 아일랜드에 왜 대기근이 일어났는지를 실감했습니다.

알이 작고 귀여운 아기 감자, 으깬 감자, 오븐에 구워 치즈를 찔러 넣은 감자, 기름에 튀긴 통감자, 감자칩, 샐러드에 들어간 썬 감자까지……. 소중한 사람과 함께한다는 크리스마스 만찬에서 어려웠던 시절을 돌아보며 감사하는 믿음을 간직한 교우들과의 만남은 큰 축복이었습니다.

참! 목사님께서 그날 창고에서 지난해 한국 청년에게 받은 선물이라고 보여 주신 음료수 병 기억하시지요? 한국 학생이 서너 달 동안 교회에 잘 참석하고 돌아가기 전에 한국에서 온 귀한 것이라고 목사님께 선물했다는 그 음료수는 사실 '설중매'라는 술입니다. 아까는 사람들이 많아서 그냥 귀한 음료수라고 했습니다. 미안합니다.

　오전 예배에 한 번, 크리스마스에 한 번, 이제 겨우 두 번 만났
는데 벌써 소중한 친구가 되어 주셔서 감사합니다.

　2006년 새해에도 하나님의 은혜가 함께하시길 기도합니다.

천국의 아이들

답신드립니다.

이번 주일 저희 교회에서 한인 예배를 드릴 수 있답니다. 기쁜 소식입니다. 이번 주 말고도 4월 4일 화요일에 있을 교회 임원회까지는 매주일 한인 예배를 드릴 수 있습니다. 교회 임원회에서 한인 교회를 위한 예배실 제공에 따른 교회 관리 및 관리인 문제를 확실히 하려고 합니다. 장기적 관점에서 예배실을 서로 공유하는 데 필요한 공식적인 절차와 건물 사용에 대한 조건들에 대해서도요.

이 소식이 목사님께 소망과 위로가 되길 바라며, 로나

Thank you for your email.

I am happy to tell you that it will be possible for the Korean Church to use the church building this Sunday and the following Sundays up until our next Committee meeting on the evening of Tuesday 4th April, when we hope to be clearer on our caretaking options, and should also be in a better position as to our ability to draw up a longer term, more official arrangement on a contractual basis between Adelaide Road Church and the Korean Church.

This comes to you with warm good wishes,

Lorna

Dear Lorna!

오늘도 더블린의 거센 바람과 예측할 수 없는 빗줄기에 움츠러들지 말자는 다짐을 지키기 어려울 정도로 바람이 붑니다. 혹시 로나 박사님도 영화 좋아하시는지요. 영화 〈천국의 아이들〉에서 두 남매가 학교 가는 길 중간에 만나 하나뿐인 운동화를 번갈아 신는 장면처럼, 더블린에서의 이 겨울은 우리 부부에게 오래도록 기억될 것입니다.

며칠 전 일입니다. 프랭크 목사님과 교회위원회의 교회 사용 여부가 결정되기까지 계속해서 교회를 찾아다녔습니다. 프랭크 목사님께서 안전과 보험 문제로 위원회가 거부할 가능성도 있으니, 다른 교회를 더 방문해 보라고 말씀해 주셨기 때문입니다. 제가 수업을 마치는 시간이 되면 아내와 율이는 한 시간 정도 버스를 타고 시내에 도착합니다. 트리니티 대학을 지나 메리언 광장으로 가는 길 중간에서 아내와 저는 딸아이를 인수인계합니다. 아내는 오후 수업을 위해 학교로 가고, 저는 아이와 함께 잠시 공원에 앉아 아내가 싸준 샌드위치를 먹고 어젯밤에 찾아가 보려고 표시한 지도를 들고 교회를 찾아나섭니다. 두 블록 정도 걸으면 힘들어하는 아이를 초콜릿과 사탕으로 달래며 교회 문을 두드립니다.

왜 그렇게도 겨울의 낮은 짧은지요. 아이는 왜 누군가와 얘기할 때면 더 칭얼거리는지, 겨우 문을 열어 주면 고맙기 그지없습니다.

"목사님 좀 뵙고 한인 예배를 드릴 수 있는지 상의하고 싶습니다."

준비한 영어로 첫 말을 꺼내지만 반응은 영 시원치 않습니다. '우리 목사님은 너 만날 정도로 한가하지 않거든' 하는 듯한 냉담한 표정으로 어서 나가라는 손짓을 합니다.

"아빠, 왜 저 아저씨가 교회 못 들어가게 해?"

어린 눈에도 문전박대당하는 아버지가 안쓰러운지 아이가 묻습니다.

"어, 아니야. 목사님이 안 계신다고 다음에 오래."

얼마 전에 재미있는 일이 있었습니다. 파넬 스트리트에서 한 시간 정도 올라간 어느 외진 골목이었습니다. 어느 교회 문 앞에서 숨을 고르고 있었습니다.

"헤이, 너 여기서 뭐해?"

어깨 너머로 묵직한 목소리가 들려옵니다.

"예배드릴 교회를 빌리려고 합니다. 목사님 좀 만날 수 있나요?"

커다란 몸집의 중년 남자는 걸걸한 목소리로 "추운데 들어가서 얘기하자. 따라 들어와!" 하더군요. 잠시 주춤했습니다. 저 혼자면 괜찮은데 아이까지 데리고 있는지라 어째 따라 들어가기가 꺼림

칙했습니다. 날이 저물어 건물 끝이 잘 보이지도 않습니다. 경계를 늦추지 않고 따라 들어가니 입구와는 달리 안은 가톨릭교회로 보이더군요.

"너 가톨릭이야, 프로테스탄트야?"

순간 저는 '이 사람이 말로만 듣던 아일랜드 극우파구나!' 하는 엉뚱한 생각이 들었습니다. 당황스러웠지만 사실대로 말했더니 그가 웃으며 말합니다.

"우리 교회는 안 될 거야. 그래도 연락처 주고 가. 일단 신부님께 물어 볼게."

큰 몸집과는 달리 의외로 그의 목소리에서 친근함이 느껴집니다. 그리고 커피 한 잔을 권합니다. 깨끗하지 않은 손으로 설탕까지 두어 수저 넣고 잔을 내밉니다. 지저분한 컵 귀퉁이에 손자국이 선명합니다.

그가 내민 뜨거운 커피와 아이를 위해 내어준 도넛 두 조각에 경계심은 사라지고 괜한 염려를 한 것에 미안한 마음이 들더군요.

"딸이 참 예쁘네. 조금 있으면 크리스마스인데 잘 되겠지."

크고 급한 목소리와는 달리 가까에서 그의 얼굴을 살피니 수더분한 인상에 사람 좋은 미소가 보입니다. 어디에서 왔냐고 묻기에 한국 이야기를 조금 들려주니 관심을 보이더군요. 짧은 시간이지만 온몸이 훈훈해졌습니다.

"나 사실 너 나쁜 사람인지 알고 무서워서 따라 들어올까, 그냥 뛰어나갈까 망설였어"라고 했더니 처음 만났을 때보다 더 큰 소리로 웃습니다.

"따라 들어와!"

그 한마디가 얼마나 크고 선명하고 크게 들리던지요. 이곳은 어두워지면 위험하다며 큰길까지 배웅해 주었습니다. 낯선 땅에서 낯선 사람에게 받은 뜨거운 커피 한 잔과 도넛. 아일랜드에서의 첫 크리스마스 선물. "잘될 거야. 잘될 거야"라는 그의 음성이 차창 너머로 밀려와 마음에 메아리칩니다. 이층 버스의 온기로 흐려진 창문, 그 너머로 전해지는 내 영혼을 부드럽게 감싸며 위로하던 그분의 음성……

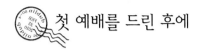 첫 예배를 드린 후에

박 목사님!

정말로 기쁜 소식을 전합니다. 교회위원회에서 통과되었습니다. 이제 부활절인 사월 두 번째 주일에 한국어 예배를 드릴 수 있습니다. 다시 한 번 진심으로 축하합니다. 저도 가능하면 참석하겠습니다. 부활의 축복을 전하며, 로나

Dear Rev. Park

Greeting! I've got some really good news for you. It has passed through the Committee meeting. You will do the first service in Adelaide Church, the second Sunday of April. Congratulation! I will be there if possible.

Have a blessed Easter!

Lorna

Dear Lorna!

로나 박사님이 처음 메일을 주신 지 넉 달이 지나 드디어 더블린한인교회 첫 예배를 아델라이드 교회에서 드렸습니다. 너무나 감격스러운 날입니다.

예배에 참석한 사람은 이십여 명이 조금 넘었으나, 찬양팀도 있었고, 기도자, 성경 봉독자에 특별 찬양도 있었습니다. 사진이 나오면 꼭 전해 드리겠습니다. 로나 박사님의 참여와 수고로 더블린한인교회가 첫 신앙의 항해를 할 수 있게 되었습니다.

교회 사용에 대한 보험료는 형편이 어려워도 저희가 지불하겠습니다. 토미 장로님께서 한인 교회 예배당 사용 보험료를 지불해 주시겠다는 얘기를 저희 교회 청년을 통해 들었습니다. 이 소식을 전해 준 청년에게 말했습니다.

"우리가 아무리 어려워도 처음을 그렇게 시작할 수는 없습니다. 우리 교회가 준비하는 것이 맞고 그렇게 하고 싶습니다."

토미 장로님의 배려와 사랑을 모르는 것이 아닙니다. 그 청년의 진심과 간절한 기도를 모르는 것도 아닙니다.

그러나 상황이 어렵다고 마음조차 작아져서는 안 된다고 생각합니다. 적어도 저의 믿음은 그렇다고 말해 주고 싶었습니다. 로나 박사님에게 받은 이 기쁜 소식은, 제 인생에서 보냈던 많은 부활절의 기쁨 가운데 가장 큰 축복이 될 것 같습니다.

부활의 기쁨과 감사의 인사를 전하며……

 전기 밥솥

박 목사님!

온 가족이 방문해 주셔서 감사합니다.

참 행복하고 즐거웠습니다. 이제 사모님은 둘도 없는 제 친구입니다. 그러니 친구가 생일을 챙기는 것은 당연하지요. 제가 만든 음식을 맛있게 드셔서 고마웠어요.

이런 기쁨의 시간이 또 오길 바라며, 로나

Dear Rev. Park

Thank you for coming.

I was happy with you all. Your wife is my best friend now. No wonder I was having her birthday dinner. Thank you all for enjoying my cooking. Hope to see you soon.

Lorna

Dear Lorna!

지난번 식사 감사했어요.

천연덕스럽게 전기 밥솥에 쌀을 씻어 안치고 가위로 김을 자르는 로나 박사님을 보면서 저와 아내는 감동하지 않을 수 없었습니다. 어떻게 제 아내의 생일을 아시고 근사한 생일상을 차려 주셨나요? 신기하고 놀랍고 감동스러울 뿐입니다. 제 아내가 나중에 그러더군요.

"로나 집에 수저가 열 벌이 넘어요. 냉장고에는 포장 김치까지 있고요."

로나 박사님의 성경공부팀에 속한 청년들이 큰 신세를 지고 있는데, 저희들까지 챙겨 주시니 감사합니다.

그러나 너무 무리하면 안 됩니다. 가끔 청년들에게 이런 말을 합니다. 로나 박사님께 너무 많은 것을 부탁하면 안 된다고요. 가끔 지나치게 개인적인 일을 부탁하는 청년들이 있다는 얘기를 나중에야 듣게 됩니다. 하지만 로나 박사님은 한 번도 그런 일로 불편함을 말씀한 적이 없습니다.

저는 알고 있습니다. 잠시 이곳에 머물렀던 어느 미혼모를 도와주시고 유럽의 어느 도시에 정착한 그녀를 위로하기 위해 그곳까지 다녀오신 것을요. 제가 알고 있는데, 어찌 하나님이 모르시겠습니까? 우리는 로나 박사님의 도움의 손길 때문에 이곳에서의 삶을 불평하지 않습니다.

　다음번에는 제가 유일하게 할 줄 아는 순두부찌개를 만들어 초대하겠습니다. 평안한 저녁 되길 기도하며…….

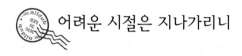 어려운 시절은 지나가리니

목사님, 안녕하세요.

오늘 아침 병원에서 김○○ 교우와 그 아내에게 있었던 일을 전해 드립니다. 아무래도 며칠 동안 통화가 어려울 것 같아서요.

김○○ 교우 눈 질환 보상에 관련해서 알아봐야 할 사항이 두 가지 정도 있습니다.

첫 번째는 한국 보험회사가 치료비 전액을 지불하는 것입니다. 김○○ 교우가 가입한 건강보험으로 눈 질환 치료와 보상을 받을 수 있는지 걱정을 많이 합니다. 일단 아델라이드 병원은 보험회사에 보상 신청을 하고 보상번호를 받아서 원무과 마리아 페럴 씨에게 제출하라고 하더군요. 김○○ 교우의 아내가 원무과가 어디에 있는지 알고 있어요. 페럴 씨가 한국 보험회사에 보상번호와 진료기록을 보내면 한국에서 보험 처리 여부를 결정할 거라고 합니다. 주님께서 선하게 이끄실 거라고 믿습니다.

두 번째는 김○○ 교우가 카테고리 2 레터를 받을 수 있는지 알아보는 것입니다. 이것이 가능하다면 하루 기준으로 60유로만 지불하면 됩니다. 이게 불가능하다면, EU 소속이 아니기 때문에 하루에만 1668유로를 지불해야 합니다. 규정대로라면, 김○○ 교우가 아일랜드에서 오래 산 것이 아니기 때문에 카테고리 2 레터를 받기는 어렵지만 사정이 사정인지라 보건부에서 김○○ 교우에게 의외의 혜택을 줄지도 모른다고 병원에서 귀띔해 주었습니다. 일단 크리스마스 시즌이라 1월 중에 병원 관계자를 만나 볼 생각입니다.

요약하면 상황은 이렇습니다.

김○○ 교우님이 카테고리 2 레터를 받지 못한다면 1668유로를 내야 합니다. 그렇다고 퇴원할 때 바로 내는 건 아닙니다. 병원에서 청구서를 주면 김○○ 교우님이 보험회사에 청구서를 보내서 보험 처리가 되면 보험회사에서 직접 병원에 지불하게 됩니다. 그동안에 우리는 닥터 스티븐스 병원에서 김○○ 교우가 카테고리 2 레터를 받을 수 있는지 알아보는 게 좋을 것 같습니다.

최악의 시나리오는 보험회사가 보험 처리를 안 해주고, 카테고리 2 레터도 못 받는 것입니다. 김○○ 교우님이 대출받을 수 있도록 최대한의 조치를 취하도록 하겠습니다. 그렇지만 우리 하나님께서 그 부부의 모든 필요를 채우실 거라 믿습니다. 김○○ 부부도 같은 마음입니다.

병원 직원이 좋은 분이셔서 많은 도움을 주셨습니다. 이따 저녁
에 병문안 가려고 합니다.

박 목사님, 여기 걱정 마시고 편안히 지내다 오세요.

주님의 은혜가 우리 모두에게, 로나

Hi there, I thought I would write down what happened
this morning at the hospital with Mr. and Mrs. Kim, in case
we don't get to speak on the telephone in the next few
days.

There seem to be two main options which they are
advised to investigate:

1) the option of the Korean insurance company paying
everything — Mr. Kim is worried that his health insurance
will not cover his eye condition, but the Adelaide hospital
has advised him to call the company, make a claim, get the
claim (or demand for insurance) number, and give this number
to the lady called Mareia Farrell (pronounced Maria) in the
hospital office. God willing, it will be covered.

2) the second option is to investigate whether Mr. Kim is

eligible for a Category 2 letter. This would allow him to pay the 60 a day rate. Otherwise, he will have to pay the 1668 a day rate as a non-EU resident.

As a rule, normally he would not be eligible, but the hospital explained that the Health Board might make an exception for him. Usually, he would not eligible as he has not lived in Ireland long enough, but they might be sympathetic to his case. I have to ring the hospital and make an appointment, which will probably be in January as it is busy over Christmas.

So basically, the situation is that: unless Mr. Kim gets a Category 2 letter, he will have to pay the 1668 rate. However, he will not be charged by the hospital when he leaves. They will send him a bill, which he can then send to the Korean insurance company if they accept his claim. The insurance company would then pay the hospital directly. In the meantime, we can investigate whether he could possibly get a Category 2 letter from the Dr. Steven's hospital.

The worst case scenario is that the insurance company refuses to pay, and he can't get the Category 2 letter. In this case, we would have try to arrange to provide him with a loan somehow, and negotiate with the hospital. However, I have faith that God will provide for all his needs, and I have told Mr. and Mrs. Kim this.

The hospital staff have been very helpful, and I am returning there tonight to check on them.

Hope your trip is good!

Blessings in Christ,

Lorna

Dear Lorna!

제가 없는 동안, 한국에서부터 희귀한 질환을 앓았던 김○○ 교우와 불안과 염려로 지켜보고 있을 그의 아내를 위해 애써 주셔서 고맙습니다. 현재 상황은 여러 가지로 저렴한 의료혜택을 받는 것이 어려워 보이지만, 로나 박사님 말씀대로 하나님께서 그 젊고 가여운 부부를 위해 보험 처리 여부와 치료비에 대한 부분을 해결해 주시리라 확신합니다.

병원 진료 절차의 경험이 없는 저희들에게 이번 일은 큰 배움이 되었고, 나중에 아픈 교민이나 교우들을 돕는 데 매우 유익할 것입니다. 귀국해서 함께하겠습니다.

병원에서 교우들의 연락을 받을 때마다 로나 박사님께서 동행해 주시니 감사할 뿐입니다. 지난번 패밀리 레스토랑에서 일하던 여학생이 팔목에 심한 화상을 입었을 때도 제가 잠시 영국에 다녀왔을 때였네요. 저 대신 병원 진료 절차를 밟아 주시고 치료비 걱정하는 그 학생을 진정시킨 후에, 회사까지 찾아가서 치료비와 일하지 못하는 기간 동안의 임금까지 다 받아주셨지요. 그때 그 여학생의 아버지로부터 감사하다는 전화를 제가 받았습니다.

"목사님, 그리고 로나 박사님 감사합니다. 이 은혜를 어떻게 갚아야 할지 모르겠습니다. 외국인 근로자들 욕하던 제가 막상 딸자식이 해외에서 일하다 사고를 당하고서야 제 자신의 부끄러움을 알았습니다. 이젠 저도 우리나라에 와서 일하는 외국인 근로자들 미워하지 않도록 노력하겠습니다."

골목길에서 이유 없이 불량배들의 각목에 맞아 응급실에 갔던 교우를 함께 방문했던 기억도 납니다. 미용을 하던 교우가 손을 다쳤을 때도, 무단횡단을 하던 교우가 오토바이에 치었을 때도, 학생 비자로 방문에 제한이 있던 저와 늘 동행해 주었던 모든 일들 잊지 않겠습니다.

나그네 되었을 때 진정 소중한 사람을 알게 되고, 의지할 사람이 없을 때 주님을 절박하게 찾던 교우들에게 박사님은 늘 환한 미소와 위로를 주었고, 격려와 방문을 잊지 않았지요. 고맙습니다. 돌아가는 대로 저도 찾아가서 위로하고 함께 의사를 만나도록 하겠습니다. 오늘도 주님의 평화가 함께하길 기도합니다.

파리 외곽의 작은 호스텔에서 다섯 명의 이방인 틈에서 인사를 전하며…….

후기 ⋯⋯

결국 로나 박사의 몇 차례 방문과 병원 관계자의 도움으로 한국에서 보다 저렴하게 입원하는 것으로 처리되었고 잘 퇴원했습니다.

 친절한 로나 씨

목사님과 사모님, 안녕하세요!

1) 오보카로 답사가실 때, 지도 필요하실 것 같아서요. 이 사이트에서 운전자를 위한 지도 참고하세요.

http://www.scriptureunion.ie/Ovoca/index.php

기차는 11시 39분 피어스 역 출발, 13시 13분 아클로우 도착입니다. 가격은 왕복 14유로이고 다음날 아클로우 출발 14시 23분과 15시 03분 두 번 운행합니다.

2) 장 봐야 할 물품들입니다(오보카 가이드라인 사용 규정 참고한 것이고, 궁금하시면 직접 사이트에 들어가서 읽어 보시기 바랍니다).

−접시 닦을 타월(저랑 사모님이 가져오겠습니다).

−화장실용 휴지. 방마다 화장실이 구비되어 있습니다. 두 사람 당 휴지 1개씩 필요합니다(기본 2인 1실, 가족실은 별도). 한 20롤이면 되지 않을까요.

−가스 불 점화용 성냥. 제가 가져올게요.

−구급상자. 집에 좋은 게 하나 있는데 그거 가져올게요.

−주방용 세제. 하나면 충분할 듯!

−검정색 쓰레기봉투(오보카는 재활용 분리수거가 엄격합니다. 분리수거통도 엄청 많아요. 나중에 도착하면 재활용 가능한 물품과 해당 재활용통에 대해 설명해 드릴게요). 한 롤이면 충분할 거예요.

−음식은 모두 준비해 가야 합니다, 양념까지. 아보카 빌리지에 작은 가게가 있고, 아클로우 시내에 테스코가 있습니다. 안 가져온 거 있으면 이곳에서 구입 가능합니다.

이게 다예요! 조만간 전화로 다시 얘기해요. 아니면 메일도 괜찮습니다. 내일 수요일에 가족 보러 갑니다. 토요일 오후 정도에 집에 도착할 예정입니다. 이번 주일 예배 후에 목사님과 목사님 가족 저희 집에 오셔서 함께 저녁 먹고 수련회 준비에 대해 이야기하실 마음 있으시면 알려주세요. 언제든지 환영입니다.

주님 안에서 평안하시길, 로나

Hi there to both of you!

1) Regarding travelling to Ovoca Manor, good directions for drivers are available on its website, at the bottom of the page http://www.scriptureunion.ie/Ovoca/index.php

The train leaves from Pearse Station at 11:39, and arrives at Arklow at 13:13. Cost: about 14 return. Two different trains return the next day departing Arklow at 14:23 and 15:03.

2) For shopping, we need to bring (as described in the Ovoca guidelines page, you can read this on the website under 'terms of use' or 'terms and conditions'):

-tea towels to dry dishes in the kitchen (I will bring some, perhaps Sayjin can also bring some).

-toilet rolls, each bedroom has its own bathroom, so we will need one roll of toilet paper between 2 people (2 people per bedroom, apart from families), so approximately 20 rolls I imagine

-matches to light the gas stove I will bring these

-first aid kit for emergencies, I will bring this, I have a good one at home

-washing up liquid for the kitchen, 1 bottle should be more than enough!

-black plastic bags for our rubbish (by the way, Ovoca are very strict about recycling rubbish, they have many different

rubbish bins, I will explain the different bins when we arrive).
Just one roll of bags should be enough.

—we need to bring all our food, including teabags, sugar, salt etc. There is a small shop in Avoca village if we forget something, and there is a large Tescos in Arklow town.

That's all! Talk to you very soon on the phone or by email. I'm going to see my family from tomorrow (Wednesday) until Saturday afternoon.

If both of you and your families would like to come over on Sunday 8th evening to have dinner together after church and discuss anything else about the retreat, you are very welcome and I would love to have you.

Best wishes in Christ,

Lorna

Dear Lorna!

친절한 로나 박사님 감사합니다. 정말로 세세한 설명과 조언에 감탄을 금하지 않을 수 없네요. 제가 좋아하는 배우 이영애 씨가 나오는 〈친절한 금자씨〉라는 한국 영화가 있습니다 영화 속에서 배우 이영애는 감옥을 정기적으로 방문하는 전도사에게 "너나 잘 하세요"라고 합니다. 영화를 보면서 웃었지만, 저에게 이 문장은 매우 큰 여운을 남겼습니다.

사실 이런 생각이 들 때가 있습니다. 아무리 만족스러운 설교를 마쳐도 주일 저녁 책상 앞에 앉으면 과연 "나는 잘하고 있는가?" "내가 선포한 설교대로 나는 살고 있는가?"라는 질문입니다.

아무튼 그녀처럼 정말 친절한 로나 씨! 감사해요. 이렇게 해서 임원수련회를 아름다운 더블린 외곽 아클로우로 다녀오게 되었네요. 항상 그렇듯이 너무나 많은 것을 진행함에 있어서 로나 박사님은 하나에서 열까지 우리의 손과 발이 되어 주십니다.

일반인들이 머무는 곳과 별 차이 없이 기독교 숙소를 사용하는 일에 익숙한 우리 청년들에게, 기독교 단체를 위한 다소 까다로운 숙소인 오보카에서 보낼 시간은 그것만으로도 큰 배움이 될 것입니다. 절반은 기차로 절반은 차량으로 이동할 계획입니다.

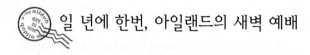

일 년에 한번, 아일랜드의 새벽 예배

박 목사님!

안녕하세요. 저는 이곳에서 부모님과 즐거운 시간을 보내고 있습니다. 내일은 온 가족과 함께하는 부활절 만찬이 있습니다. 토요일에 돌아갑니다. 부활 주일 새벽예배에 참석하려고요. 아침 6시 반에 샌디마운트 해변에서 드리는데 제 시간에 일어날 수 있을지. 지역에 있는 모든 교회 교인들이 모여서 드리는 연합 예배예요. 주일에 뵙겠습니다.

로나

Dear Rev. Park

Hi again, Am having a lovely time with my parents — we are having an Easter dinner tomorrow with all the family. I'm back Saturday, and plan to go to an Easter morning dawn service on Sandymount beach at 6:30 am, if I can manage to get up in time! It is an ecumenical service with all the churches in the local area.

See you on Sunday,

Lorna

Dear Lorna!

가족들과 함께하는 행복한 부활절 휴가 되시길 바랍니다. 한인 교회 예배에 참석하면서 북아일랜드의 고향에 예전처럼 자주 가지 못했잖아요. 한국어 예배가 지루할 법도 한데 늘 참석해 주시고, 예배 후에는 셀 리더로 섬겨 주시니 감사합니다. 많은 학생이 로나 박사님의 셀에 들어가고 싶어합니다. 우리 모두는 그 이유를 잘 알고 있지요. 박사님은 우리가 말하고 싶은 문장의 처음 두 단어만 말해도 다 알아 듣기 때문에, 마주 앉아 대화를 하다보면 자신도 모르게 영어를 잘한다는 우쭐함에 빠져들게 하는 로나 박사님의 민첩한 의사소통 능력 때문입니다.

바다가 보이는 더블린의 아름다운 샌디마운트 해변에서 열리는 부활절 새벽 예배에 가시는군요. 지난해 처음 아일랜드에도 일 년에 한 번 새벽 예배가 있다는 사실을 알고 의아했습니다. 저희 던드럼 지역은 쓰리락(Three Rock) 산에 함께 올라 그곳에서 부활절 아침을 맞이했습니다. 이른 새벽 주차장에서 만나 손전등을 들고 새벽 공기를 마시며 조용히 함께 산에 올랐던 이웃 교회 할머니 할아버지들이 반겨 주셨지요. 작은 산이지만 더블린 시내가 내려다보이고 옆에는 작은 양목장도 있어서 녀석들의 새벽잠을 설치게 했지요. 저는 이런 아일랜드의 수줍은 정서와 풍경이 주는 고즈넉함을 사랑합니다. 한국에서야 늘 새벽 기도를 하지만, 이곳 아일랜드의 교우들은 부활절 새벽 예배를 지역 교우들과 함께한 다는 사실이 참 신기하고 놀라웠습니다. 지난해 같이 갔던 바네사 와 아주머니가 한국에서도 부활절 새벽에 함께 모여 예배드리냐 고 묻기에 이렇게 대답했지요.

"한국에서는 부활절뿐만이 아니라 매일 새벽 모든 교회들이 하 는데요."

존경스럽다기보다는 믿지 못하겠다는 표정이었지만, 기도는 시 간과 양으로 비교할 수 없기에 웃으면서 산을 내려왔습니다.

저도 내년에는 샌디마운트 지역의 부활절 새벽 예배에 참석해 서 부활의 태양을 함께 보았으면 좋겠습니다. 딸아이가 로나 언니 네 부활절 새벽 예배로 가자고 떼를 쓰는데, 내년에는 녀석과 같 이 그곳에서 드리면 좋을 것 같아요.

아남카라

박 목사님!

주일 밤에나 귀국할 것 같아요. 그래서 이번 주일에는 저희 셀 사람들과 성경공부를 할 수 없습니다. 미안합니다. 학회는 전반적으로 잘 진행되었고, 저는 아일랜드 응용 언어학에 대해 발표했어요. 그리고 스페인 동료 학자들과 학회를 가졌습니다. 곧 일상으로 돌아가야지요! 살라망카는 정말 놀라운 중세의 도시입니다. 학회 마치고 내일 성당에 가려고요.

주님의 축복이 있기를, 스페인에서

로나

Dear Rev. Park

I'm back late on Sunday evening. I'm so sorry I can't do the Bible study with our cells. My meetings went well, I was representing Ireland's Applied Linguistics at a European meeting. We then had a conference with Spanish colleagues. Back soon, to normal life! Salamanca is an amazing medieval city. Tomorrow I visit the cathedral after the conference talks.

God bless you. from Spain

Lorna

Dear Lorna!

저보다 더 잘 아시겠지만 아남카라(Anamcara)에 담긴 뜻이 참 좋습니다. 고대 켈트 그리스도인들이 진실한 친구를 부를 때 사용하던 말입니다. 영혼의 동반자(Soul Friend)라고 번역하지만 켈트 전통에서 이 단어가 주는 심오한 아름다움은 사랑과 우정의 깊은 의미를 담고 있습니다.

더블린한인교회가 세워지는 과정에서 우리는 아남카라를 염두에 두고 걸어왔지요. 2005년 가을부터 유학생과 교민들이 한 사람씩 모여들었고, 로나 박사님의 친절한 도움과 신실한 동역으로 성장과 속도가 아닌 동행을 사역의 중심에 설정했습니다.

켈트의 전통과 정서적인 수줍음이 짙게 밴 이 땅에서 우리의 자랑스러운 모국어로 찬양하고 기도하며 예배할 수 있는 사실이 늘 감사합니다.

로나 박사님!

우리 모두에게 당신은 영혼의 동반자, 소울 프렌드입니다. 그리스도를 찾는 이는 많으나, 그리스도를 본받는 자는 찾아보기 힘든 때에 우리에게 아름다운 믿음의 길을 보여 주시는 것을 늘 기억하겠습니다. 로나 박사님 덕분에 우리는 나그네 된 땅에서 주인 된 삶을 묵상하며, 이제는 불평하며 늘 요구하는 여행자가 되기를 거부할 것입니다. 믿음을 품고 가야 할 인생이라는 순례길에 동반자가 되어 주셔서 고맙습니다. 스페인에 계시다니 아래 문구가 떠오릅니다.

중세의 살라망카를 만끽하시길…….

여행자는 요구하지만, 순례자는 늘 감사하여라.

Turistas manden, peregrinos agradecen!

Tourists demand, pilgrims thank!

 쉘부르의 우산

사이트에 항공사들의 가격 할인이 막 떴습니다. 여름 캠프에 참여할 더없이 좋은 기회입니다. 프랑스에서 저희들이 갈 만한 곳은 보르도, 렌, 파리 정도입니다. (오를레앙 같은 파리 외곽 지역도 캠핑하기에 좋습니다.) 다른 지역도 좋고요. 목사님 의견은 어떠신가요?

로나

Hi!

These airline offers have just come out. It might be good for summer camp. Good destinations for us in France are: Bordeaux, Rennes, Paris (you can travel outside of Paris to some great campsites south of Paris in Orleans district). The other destinations are nice too. What do you think?

Lorna

Dear Lorna!

귀한 정보 감사해요. 매년 여름 프랑스에서 열린다는 유럽 개신교인 가족 캠프에 꼭 한번 참석해 보고 싶었습니다. 그러나 늘 그렇듯이 여건이 어렵습니다. 그냥 여름이라 바빠서 못 간다고 말했지만 가족이 함께 가기에는 저가 비행기 티켓도 저희에게는 언감생심입니다. 이름만 들어도 설레는 프랑스의 도시들 그리고 여름 휴가에 나선 사람들······.

저희 집 형편은 로나 박사님이 더 잘 아시지요. 토미 장로님도 이번에는 꼭 같이 가자고 하시는데 경비 마련이 어려워 못 간다는 얘기는 차마 못하겠습니다. 어디를 가자는 교우들에게 목사가 바쁘다고 말하는 것은 정말 바쁘기 때문만은 아닙니다.

긴 여름 방학 동안 한국에 다녀오라는 교우들에게 아일랜드가 더 좋아서라고 말하는 것은 내 고향이 그립지 않기 때문이 아닙니다. 이탈리아에 갔을 때 어디가 좋으냐고 물으면, 고등학교 사회 시간에 배운 이탈리아의 도시 이름을 다 열거하는 것은 가 보았기 때문이 아닙니다.

부족한 것이 많은 타향살이에도 늘 감사를 잊지 않으려면, 삶속에서 누릴 수 있는 것들에 대한 비교 의식을 극복해야 한다는 것이 저의 생각입니다. 여름휴가 못 가도 상관없고 화려한 유럽을 여행하지 않아도 괜찮습니다. 그래도 도움을 청하는 이들에게 커피 한 잔 대접하거나, 조금 여유가 있으면 밥 한 끼 나누는 것만으로도 행복할 수 있습니다.

그래도 언젠가는 좋아했던 영화 〈쉘부르의 우산〉에 나오는 항구 도시 쉘부르를 꼭 한번 가 보고 싶습니다. 불어를 영어처럼 완벽하게 구사하는 로나 박사님께서 그때 쉘부르에 대한 정보를 알려주시면 좋겠습니다. 전쟁으로 헤어질 수 밖에 없었던 두 주인공이 다시 만난 쉘부르의 눈 내리는 에쏘(esso) 주유소! 저는 이 영화의 노랫말을 들을 때면, 이상하게도 에디트 피아프가 부른 〈사랑의 찬가〉의 가사가 함께 떠오릅니다.

영원히 당신을 기다리렵니다.
수많은 여름이 갈지라도 당신을 기다리렵니다.

한국에서는 군대 간 남자를 기다리지 못하는 여자를 가리켜 고무신 거꾸로 신는다고 합니다. 프랑스판 고무신 사건의 무대, 쉘부르! 그곳을 여행할 날을 기약해 봅니다. 그 영화의 노래가 너무 좋아서 휴가 나오자마자 군복 입고 영화관으로 달려간 해병대 시절이 떠오릅니다. 옆자리에 앉은 아주머니가 그러더군요.

"요즘은 해병대도 이런 영화를 보나요?"

애써 웃으며 흘린 눈물 자국을 닦느라 허둥거렸습니다.

프랑스 여행은 다음을 기약하렵니다.

하나님의 은총이 함께하는 날이길…….

영어 개인 레슨

목사님, 안녕하세요.

전에 부탁하신 영어 개인 레슨 알아봤습니다. 언어학 석사 과정 중에 있는 분이 해주신다고 합니다. 이름은 다리나, 아주 착하고 마음 따뜻한 사람입니다. 이 친구 메일 주소는 b0000@tcd.ie이고 휴대전화는 087-000-0000입니다. 목사님께서 전화 주실 거라고 말했고 그 학생이 동의한다면 레슨비는 시간당 00유로입니다. 곧 뵙겠습니다. 사모님과 율이에게 안부 꼭 전해 주세요.

로나

Hi there, I have checked about the English language lessons, and one of the students from our Masters in Applied Linguistics degree last year is willing to offer private classes. She is called Darina and is very warm and friendly. Her email address is b00000@tcd.ie and her mobile telephone is 087-000-0000. I have told her that you will be in contact with her. The rate is 00 per hour if she is happy with that. See you soon!

Hi to your lovely ladies Say jin and Yeol,

Lorna

Dear Lorna!

감사합니다. 얼마 전에 아일랜드 왕립음악원으로 유학 온 안수정 피아니스트 기억하시지요? 처음에는 저도 놀랐습니다. 피아노나 관현악을 공부하러 유럽에 오면 대부분 오스트리아나 독일로 가고, 성악은 이탈리아로 가잖아요. 안수정 피아니스트는 이런 학교의 위상을 고려하지 않고 오직 지도교수인 존 오커너 선생님 한 분만 보고 이곳으로 왔습니다. 어리지만 참 대단한 것 같아요. 실력보다는 학교의 간판과 대학 순위에 민감한 한국에서 이런 결정을 한다는 것은 쉽지 않은 일입니다. 베토벤 연주로 유명한 존 오커너 선생님은 아일랜드가 배출한 클래식 음악의 거장입니다.

하지만 아일랜드 왕립음악원은 오스트리아나 독일의 음악원에 비하면 세계적으로 알려지지는 않았습니다. 명성이 자자한 세계적인 음악원 대신 고국에서 학생들을 가르치는 오커너 선생님도 대단하지만, 그런 선생님 한 분만 보고 연습실도 부족한 이곳으로 유학을 결정한 안수정 자매도 참 대단합니다.

유럽에서 열리는 피아노 국제 콩쿠르에 많이 참석할 예정이라서 연습 시간 틈틈이 영어 공부를 하고 싶어합니다. 좋은 제자를 추천해 주셔서 감사합니다. 안수정 자매는 분명 음악과 영어를 모두 열심히 할 것입니다. 저는 믿음이 그 사람의 미래를 만들어 간다고 믿습니다. 안수정 자매가 앞으로 그렇게 될 수 있도록 기도해 주세요. 지난번 말씀드린 대로 안수정 자매는 연습할 공간이 부족해서 늘 걱정했는데 옆집에서 자주 불평을 해서 결국 이사를 해야 했습니다.

연습량을 걱정하며 새로운 집을 구해야 하는 안타까운 처지에도 연주와 음악에 매진하는 성실함에 저는 다시 한 번 감탄했습니다.

국립음악극장(National Concert Hall)에서의 연주회가 생각납니다. 안수정 자매는 앙코르가 들어오자 피아노에 앉아 잠시 멈칫하더니 찬송가를 연주했습니다. 저는 그때 그녀의 성실함이 어디에서 나오는지 알 수 있었습니다.

라흐마니노프를 연주할 때는 근육통 때문에 힘들어 했지만 연습에 몰두하는 대단한 집중력이 있습니다. 여자 연주자이지만 건반 터치가 인상적입니다. 곡 해석과 원숙함도 점점 늘어가겠지요. 제 아내도 피아노를 전공했고, 저 역시 베토벤을 너무 좋아 해서 많은 관심을 가지고 안수정 자매를 위해 기도하고 있습니다.

안수정 자매가 세계적인 피아니스트가 되면 로나 박사님과 저와 교회에 큰 기쁨이 되겠지요. 편안한 밤 되길 바라며…….

후기

2012년 3월, 안수정 자매는 스페인 바르셀로나에서 열린 세계적인 피아노 콩쿠르(Maria Canals International Music Competition)에서 예선과 결선을 거쳐 당당히 1등을 했습니다. 세 명의 피아니스트가 대결하는 결승전에서 연주한 곡이 바로 존 오커너 선생님께 가르침을 받은 베토벤 피아노 콘체르토 4번이었지요. 학교의 유명도가 아니라 선생님 한 분만을 바라보고 결정한 안수정 자매의 믿음대로 되었습니다. 참으로 놀랍고 신기하며 감사한 일입니다. 손가락 끝에서 피가 나고, 손톱이 깨지는 고통을 참으며 하루에 열 시간 넘게 연습하는 놀라운 집중력을 보여 주었지요. 저와 로나 박사는 안수정 자매를 지켜보면서 재능있는 음악 천재들이 얼마나 성실하게 연습해야 하는지 그 사실을 목도했습니다. 정말이지 저절로 얻어지는 것은 아무것도 없습니다.

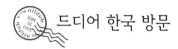 드디어 한국 방문

박 목사님께

정말 흥분됩니다! 방금 비행기 예약했습니다. 7월 21일 서울 도착입니다. 26일까지 컨퍼런스 기간 동안에는 주최 측에서 추천한 호텔에 머물 생각입니다. 특별 할인도 되고, 다른 언어학자들과 교류할 수 있는 멋진 곳이에요. 아일랜드에는 8월 10일 도착 예정입니다. 밤에 준식에게 연락하려고 합니다.

제 일정 첨부해서 다시 메일 보낼게요.

기대를 가지고, 하나님의 축복이 모두에게 있기를 바라며, 로나

Dear Pastor Park

I'm so excited! I have just booked my ticket.

I arrive in Seoul on 21st July, the conference is until 26th.

I think I will stay in the hotel recommended by the

conference until the 26th, they have a special offer and is nice to stay where the other linguists are! I go back to Ireland on August 10th. I'll tell Jun shik this evening in home group.

I will email you later today with some information about my schedule.

In anticipation, God bless you.

Lorna

Dear Lorna!

첫 한국 방문을 진심으로 축하합니다. 로나 박사님과 함께했던 청년들이 박사님의 입국부터 출국까지 체류 기간 동안 잘 돕도록 연락을 하겠습니다. 고온다습한 한국의 여름은 너무 걱정 마세요. 인천국제공항에 도착하는 순간부터 더블린으로 돌아올 때까지 차량과 기사를 완비하도록 하겠습니다.

제가 걱정하는 것은 단 두 가지입니다(여기서부터는 처음 한국을 방문하는 로나 박사님에게 장난기가 발동했습니다).

첫째, 로나 박사님이 방문한 적이 있는 일본과 한국은 매우 다르다는 사실입니다. 일본은 화려하지만 한국은 그리 화려하지 않습니다. 도착할 인천국제공항은 (사실 몇 년째 세계 1위 공항입니다.) 더블린공항과 (인천공항에서 비행기를 타고 처음 더블린공항에 도착했던 2005년 가을에 저는 옛날 김포공항에 내린 줄 오해할 정도로 당시 더블린공항은 소박했습니다.) 비교하면 군사 공항이라고 할 만큼 매우 작고 협소합니다. 그러니 부디 한국에 대한 지나친 환상과 기대는 버려야 행복한 여행이 될 것입니다.

둘째, 박사님이 첫날 머물 호텔을 제가 예약해 놓았습니다. 서울을 가로지르는 한강의 남쪽인데요. 그래도 서울에서는 가장 번화가에 있지만, 서울 시내 중심가 대부분의 건물은 더블린처럼 5층 넘는 건물이 거의 없습니다. 그래도 제법 높은 5층에 방을 예약

했으니 서울의 야경을 조금은 보실 수 있습니다. (사실 강남의 고층
호텔에 25층 객실을 예약해 놓았지요. 더블린에는 10층 이상의 건물이 거의
없으니, 아마 로나 박사님이 숙소에 도착하면 놀라겠지요.)

하지만 로나 박사님 성경공부 그룹을 거쳐 간 청년들이 한국 여
행을 잘 도울 것이니, 염려 마시고 기쁨으로 다녀오시길 기도하겠
습니다.

 두 가지 거짓말

목사님!

저는 지금 서울에 있는 소피텔 앰버서더 호텔 ○○○○에 묵고 있습니다. 어서 수요일이 되어 목사님 가족을 만나 뵙고 싶습니다. 목요일에는 명호와 함께 민영이를 만나기로 했습니다. 참 멋진 호텔에서 겨우 2시간 자고 씻고 나와서 멋진 곳들을 구경하고 있습니다. 매실차를 마셨는데 아주 맛있더라고요.

목사님의 배려에 감사드리며 하나님의 축복이 함께하기를, 로나

Hi there, I'm in the Sofitel Ambassador hotel Seoul. I'm in room ○○○○. I would love to meet your brother and his family on Wednesday. On Thursday Myung ho and I will meet up with Min young. Hotel nice, slept 2 hrs, now visiting some wonderful places! Had plum tea, delicious.

Every blessing, and thank you again for your concern.

Lorna

Dear Lorna!

서울에서 전화 주셔서 고마웠습니다. 호텔 객실이 너무 높은 층이라 놀라셨지요? 놀라게 해서 미안해요. 통화한 대로 서울도 세계적인 대도시이며 화려한 밤거리를 자랑합니다. 강남에는 수십 층의 건물이 가득하여 빌딩 숲을 이루고 있지요. 다행히 저희 형님이 공항까지 마중을 나갔군요. 인천국제공항에 내린 로나 박사님이 저희 형님을 만나서 나눈 첫마디가 "박 목사님이 두 가지 거짓말을 했어요. 인천공항은 매우 작고, 서울에는 5층 이상의 건물이 거의 없다고……" 하셨다는 얘기 들었습니다. 인천공항은 크고 화려합니다. 그러나 저는 왠지 너무 지나치게 크다는 느낌에 그리 자랑스럽지만은 않아요. 오히려 입구는 작아 보이지만, 막상 들어가면 의외로 넓고 아름답게 꾸며진 더블린 거리의 카페나 레스토랑이 더 실속 있는 것 같아 부럽습니다.

서울에서 대구, 부산, 제주도까지 모든 일정을 잘 잡아 놓았고 우리 교회 출신 청년들이 지역별로 안내하고 부산에서 열릴 학회까지 로나 박사님과 동행할 것입니다. 저희 조카들도 로나 박사님의 영어가 너무 잘 들려서 놀랐고, 언어보다 더 소중한 것은 소통의 태도와 열린 마음이라는 사실을 새삼 깨달았다고 합니다. 서울에는 더블린과 벨파스트에는 없는 지하철이 그것도 9호선까지 있으니, 서울 시내에 있는 고궁과 관광명소로 이동하기 편리할 것입니다.

분단의 장벽으로 가로막힌 휴전선 한복판에 위치한 판문점에는 한 형제가 안내할 것입니다. 북아일랜드와 아일랜드 사이를, 벨파스트에서 더블린을 주말이면 자유롭게 오고가는 로나 박사님에게 휴전선은 매우 새로운 경험이 될 것입니다. 무더운 날씨에 건강 조심하시고 아름다운 여행이 되길 기도하며…….

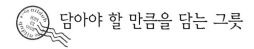

담아야 할 만큼을 담는 그릇

목사님, 안녕하세요.

제가 얼마나 잘 지내다 왔는지, 아일랜드에 돌아와서는 또 얼마나 잘 쉬었는지 이야기해 드리면 목사님도 분명 좋아하실 거라는 생각이 듭니다.

목사님에게도, 한국에 계신 목사님의 가족에게도 그 친절함과 환대에 진심으로 감사드립니다. 목사님 형님께서 주신 귀여운 선물과 제 벽난로 위를 장식하고 있는 목사님 아버지께서 주신 아름다운 도자기, 그리고 인천공항에서 받은 따뜻한 친절……. 기회가 된다면 한국의 더 많은 모습을 보고 싶다는 생각이 듭니다.

주일에 뵙겠습니다. 다들 너무 보고 싶어요. 다음 주에 꼭 만나서 차 한 잔해요. 사모님도 같이요. 아마도 던드럼(Dundrum) 근처가 좋겠지요? 다음 주 금요일까지 일본 선교사로 있는 미국 친구가 저희 집에서 머물 예정입니다. 이번 주에 소개해 드리겠습니다.

하나님의 축복이, 로나

Hi there, You will be happy to know that I am well rested, and feel quite relaxed after my long trip back to Ireland.

Thank you so much for your kindness (and your family's) in preparing many many things for me — the pretty gift your brother gave, the beautiful vases that are now on my fireplace, and the warm hospitality I experienced in Icheon. My trip to Korea was like a 'taster' or a sample, I would love to go back and see more!

See you on Sunday! I have missed you all a lot. We must find time next week to meet for coffee — maybe in Dundrum so your wife can come. I have a good friend, American missionary in Japan, staying with me until next Friday. You will meet her on Sunday.

God bless!

Lorna

Dear Lorna!

저도 몰랐는데 나중에 저희 누이에게 들었습니다. 아버지가 로나 박사님 오신다는 얘기 전해 듣고 도자기를 선물로 준비하셨다고 하더군요. 마음에 드신다니 다행입니다. 아버지께 로나 박사님이 좋아하신다고 말씀드렸더니 기뻐하셨습니다.

제 고향 이천은 도자기로 유명합니다. 오래전부터 아버지는 비싼 것은 아니지만, 도자기로 유명한 고향의 특성상, 손님들이 오시면 저렴한 것이라도 생활도자기를 구입해서 선물하시는 것을 좋아하십니다. 지난번 더블린에 오셨을 때, 교회에서 함께 예배드리고 한국 유학생들에게 따뜻하게 대해 주시는 로나 박사님을 뵙고 참 고마워하셨습니다. 저렴한 것이지만 청자의 고매함보다는 일상적인 탁자에 어울리는 간결한 백자를 좋아하시는 아버지가 로나 박사님을 위해 청자를 구입하셨다니 조금 놀랐습니다.

청자는 한국의 파아란 가을 하늘을 닮은 소중한 빛입니다. 중학생 때 처음 본 도자기 가마 앞에서, 국사책에 나오던 친구의 할아버지가 해주신 말씀이 떠오릅니다.

"도자기는 그릇이 아니라 혼이고 얼이다."

연로하여 거동이 불편함에도 불구하고 손수 불을 살피시고, 가마에서 힘들게 꺼낸 도자기 절반 이상을 망치로 깨뜨리시던 친구 할아버지의 깐깐함에서 어렴풋이 '대가란 바로 저런 것이구나!' 라고 생각했습니다.

그 무렵부터 제 머릿속에 자리잡은 물음이 있었지요. 나는 어떤 그릇이 될 것인가? '많이 담는 그릇' 보다 '담아야 할 만큼을 담는 그릇' 이 아름답겠지요. 바울이 말한 자족의 믿음이 이런 것이 아닐까 합니다.

비록 짧은 일정이었지만 로나 박사님 말씀대로 다음 한국 방문 때는 더 많은 것을 보고 경험하실 수 있을 거예요. 로나 박사님의 한국 방문은 우리 가족에게도 즐거운 시간이었습니다.

그럼 곧 뵙겠습니다.

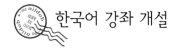 한국어 강좌 개설

동역자님들께

트리니티 대학에서 개설할 한국어 강좌 관련 전단지를 첨부해서 보냅니다. 광고할 내용, 특별히 아일랜드-한국 가정과 그 주위 친구, 친척들을 위한 내용이 필요합니다. 한국어 강좌 관련 사이트입니다.

http://www.tcd.ie/slscs/evening-classes/language-courses.

일반인을 대상으로 하는 두 가지 강좌에는 수업료가 있지만, 트리니티 대학생과 대학원생을 대상으로 하는 강좌(목요일 오후 6~7시 30분)는 무료입니다.

안부를 전하며, 로나

Dear colleagues

Attached is an information leaflet about Korean courses at TCD, which will start in a few weeks. Any advertising you can do will be most appreciated, particularly among Irish-Korean families and their friends and relatives!

The web links to our courses are here:

http://www.tcd.ie/slscs/evening-classes/language-courses.

Whilst the two courses for the general public are fee-paying, there is also a Korean course for TCD students (undergraduate and postgraduate) which is free of charge (Thurs, 6~7:30 pm).

With best wishes,

Lorna Carson

Dear Lorna!

트리니티 대학 언어학부에 한국어 강좌를 개설하는 일에 큰 역할을 해주셔서 고맙습니다. 저와 교우들, 교민들도 매우 자랑스러워합니다. 로나 박사님은 저희 교회뿐만 아니라, 한국 교민 사회와 대사관에서도 매우 중요한 분입니다. 드디어 한국어 강좌가 로나 박사님의 도움과 관심으로 시작되었습니다. 정말 기쁩니다. 리처드는 벌써부터 수강 신청을 제일 먼저 하겠다며 신이 났습니다.

가끔 저희 부부는 정든 유학생들을 떠나보낼 때마다, 사역에 지칠 때마다 이런 질문을 합니다.

"나라면 로나처럼 했을까?"

이 질문은 항상 나태해지려는 목회에 고삐가 되어 줍니다.

아마 로나 박사님도 느끼셨겠지만, 저희 교회를 처음 찾아오는 분들은 한인 예배에 참석하는 박사님을 보고 약간은 의아해 합니다. '저 여자가 한국어를 알아듣나?' '혹시 한국 남자와 결혼한 사람인가?' 아니면 '혹시 이중에 좋아하는 사람이 있나?' 이런저런 상상을 할 것입니다. 한국 사람들은 호기심이 많은 민족이거든요.

제가 그런 분들에게 박사님을 이렇게 소개합니다.

"로나 카슨은 북아일랜드에서 가장 아름다운 자이언트 코즈웨이 근처의 벨라미나에서 태어나 자랐고, 우수한 성적으로 고등학교 졸업 후 트리니티 대학에 들어오면서부터 지금 더블린 시내 중심에 있는 아델라이드 교회에 출석하고 있습니다. 대학을 마치고 프랑스에서 유학했고 불어도 완벽하게 구사하는 유능한 트리니티 대학의 언어학 강사입니다."

로나 박사님이 주신 박사학위 논문, "Some adult refugees learning English in Ireland: the motivational role of goal-setting and the European Language Portfolio"는 저에게 두고 두고 좋은 영작 교재가 되고 있습니다. 제목에서 알 수 있듯이 영어가 모국어가 아닌 사람들의 의사소통과 문화의 점이지대에서 발생하는 의사소통의 동기부여에 관해 연구해 오셨지요.

박사님의 언어학적 관심은 기표와 기의로 구분되는 언어학의 기본 명제들을 연구하는 이론적인 지식에 머물지 않고, 더블린에서 마주치는 수많은 이방인과의 의사소통이라는 문제의식에서 출발한다는 것이 참 신선했습니다. 이따금 박사님과 길을 걷다 보면 지도를 들고 서성이는 사람들에게 친절하게 도움을 주곤 하셨지요. 영어 예배의 답답함을 호소하는 교우들을 많이 만났기 때문에, 박사님이 한국어 예배에 참석하는 것은 쉽지 않은 시간이라고 생각합니다. 박사님은 우리와 함께 한인 예배를 드리고, 예배 후에는 셀 리더로 한 그룹을 맡아서 성경공부를 인도해 주시니 감사할 뿐입니다. 휴식이 필요한 주일 오후를 우리를 위해 모두 소진하시는 것이지요.

한국의 거리나 차 안에서 아시아 이주 근로자들과 마주칠 때면, 그들에게서 나던 카레 냄새를 탓해본 사람이라면, 과연 로나처럼 했을까? 이런 의문이 생깁니다.

자신이 많이 아파 보았기 때문에, 오래 기다려야 하는 병원 대기실에서도 지루해 하는 제가 미안할 정도로 환자를 위로해 주는 깊은 마음이 고맙습니다. 아침 출근길마다 박 목사의 낡은 폭스바겐 폴로가 잘 굴러가기를 저보다 더 간절히 기도해 주셔서 고맙습니다. 주일을 함께하지 못하는 날이면 "박 목사님! 미안해요" 하면서 전화와 문자로 틈틈이 연락을 주시면 오히려 제가 미안하고 고맙습니다.

지난주에 2주 동안 미국을 다녀온다며 저희 가족을 초대해 주셔서 감사했어요. 손수 만든 라자냐와 케이크를 나누고 딸아이와 함께 해변을 산책해 준 것도 큰 추억이 되었습니다. 조심해서 잘 다녀오시길 기도하겠습니다.

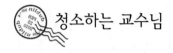 청소하는 교수님

로나 박사님과 박 목사님께

한인 교회 교인들 중에 혹시 참석 가능한 사람들이 있다면 그분들에게 알려주시겠습니까? 목사님께는 꼭 알려주십시오.

행사 장소는 더블린 2, 우드키 소재 더블린 시청이고 3월 22일 오전 10시부터 오후 4시입니다.

이날 아일랜드 교회가 직면해 있는 교회 문화의 변화에 대해 이해하는 시간을 갖고자 합니다. 특별히, 전통 아일랜드 회중과 타 문화권 교회들 안에서 다문화주의로 발생하는 여러 난제와 기회들을 탐구하는 기회가 되었으면 합니다.

아울러 함께 모이게 될 여러 이민 교회 목사님들도 서로 연락망을 구축하고, 필요한 정보를 나누며 이해하는 귀한 시간이 되기를 바랍니다. 모든 목사님과 교인들의 참여를 바랍니다.

우리 모두에게 하나님의 은총이 함께하기를…….

아일랜드 교회연합회 집행위 임원

머빈 맥켈러

Dear Lorna and Pastor Park

Could you please forward this on to anyone else in the Korean church who may like to attend — especially your pastor.

The event is in Dublin Civic Centre, Wood Quay, Dublin 2 on the 22nd March, from 10 am—4 pm.

The day is an attempt to grasp the changing landscape of Church life in Ireland. Specifically, exploring the challenges and opportunities presented by multiculturalism both in the changes within our own congregations and in the arrival of many new churches.

We hope to have church leaders from a range of migrant, new and established churches providing opportunities for networking, exploring and understanding and I'm sure you will find the day a valuable one.

I look forward to catching up with you there.

With every blessing,

Mervyn McCullagh

Executive Officer

Irish Council of Churches and Irish Inter-Church Meeting

Dear Lorna!

아일랜드 교회연합회가 주최하는 유익한 자리에서 더블린한인교회의 시작과 과정을 발표할 수 있게 되어 정말 기쁩니다. 게다가 로나 박사님과 목 교수님이라는 환상의 복식조가 있어 든든합니다.

옥스퍼드 대학에서 2006년 가을 학기부터 더블린 트리니티 대학 생화학 교수로 오신 목 교수님 부부가 처음 왔던 때를 기억하실 겁니다. 교회 임원들이 거의 없던 그 당시, 결혼한 가정들이 새로 교회에 오면 조용히 다가가 섬겨 주신 두 분의 헌신이 있었습니다. 목 교수님은 한국과 미국에서 최고의 대학을 졸업하셨고, 옥스퍼드에서 최고의 연구를 하셨음에도, 매주일 교회에 오면 주일학교 예배실을 청소하십니다. 누가 부탁한 것도 아닌 일을 묵묵히 지난 2년 동안 쉬지 않으셨지요. 이런 겸손의 섬김이 교회 청년들 가운데 어설픈 자기 자랑을 하려는 이들을 겸손하게 만들었고 그들을 변화시키는 계기가 되었습니다.

또한 목 교수님은 아델라이드 교회 오전 예배에도 늘 참석하셔서 두 교회를 섬기며 연결하는 고리가 되어 주시니 더욱 고맙습니다. 앞으로 많은 시간이 흐르면 한 건물 안에서 두 교회가 함께 더 많은 일을 감당하리라는 더 큰 소망을 발견하는 것도 목 교수님의 겸손과 헌신 때문입니다.

두 분이 트리니티 대학에 계시니 시간이 되면 함께 로나 박사님이 발표할 자료들에 대하여 얘기했으면 합니다. 그러면 보다 효과적인 발표가 될 것이라 믿어요. 물론 목 교수님이 대화 모임에 참석하시니 질의응답 시간은 염려 안 해도 잘 답변해 주실 것입니다.

장소는 우리가 자주 가는 트리니티 교수 휴게실이면 더욱 좋겠습니다. 그곳의 차 맛은 너무도 좋습니다. 트리니티 교수 홀에 갈 때마다 전통이 얼마나 소중한 것인지 몸으로 느낍니다.

목 교수님이 자주 불러주셔서 드나들다 보니 이제 조금 알 것 같습니다. 유럽의 대학에 교수 식당이 생긴 이유가 학생 식당과의 단순한 구별을 위해서가 아니라, 차를 마시는 테이블에서 교수들의 자유로운 대화를 통해 학문과 학문 사이의 소통과 창조적 발상을 위한 것이라고 생각합니다. 그럼 며칠 후에 뵙도록 하겠습니다.

주님의 평강을 빌며…….

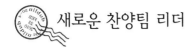

새로운 찬양팀 리더

박 목사님!

확인해 보니 입금되었고, 영수증은 직접 받게 될 것입니다. 제가 키어런에게 영수증에 대해서 말했어요.

가족 모두 잘 지내지요. 영국에서 걸린 지독한 기침 감기로 어제 교회에서 조금 피곤했어요. 하지만 학회에서 제 발표는 다행히 잘 마쳤습니다. 끝나서 기쁩니다.

이번 학기 밀타운 캠퍼스에서 진행 중인 목사님의 학업도 잘 마치고, 곧 목사님 가족과 만나 커피 마실 시간을 기다릴게요. 목사님 가족을 위해 (목사님의 두뇌를 위해서도) 항상 기도하며, 로나

Hi there, The bill is paid, and a receipt should be sent out to you. I spoke to Ciaron (just for your records, in case the receipt doesn't arrive!).

Hope you are all well. I was pretty tired yesterday at church, I caught a cold in England, and had a horrible cough. But my presentation at the conference went very well. I´m glad that it is over!

I look forward to time for coffee with you and your family soon, once you get all your work finished at Milltown this term. Praying always for you all (and your brain!).

Lorna

Dear Lorna!

저의 박사 과정을 위해 기도해 주시니 감사합니다. 특별히 더 굳어질 것이 없는 제 두뇌를 위해서도요. 트리니티 미술대학에서 열리는 미술사 강좌 입금 확인해 주셔서 고마워요. 행정상의 착오겠지요. 저도 이제 보고서만 제출하면 학기가 끝납니다. 커피 타임 기다릴게요.

그리고 얼마 전부터 찬양팀 리더를 맡게 된 리나 자매를 위해서 기도해 주세요. 아직도 주일예배 전에 찬양을 인도하는 것이 많이 떨린다고 하네요. 지난 가을 그녀가 연변 과기대를 마치고 더블린에 있는 대학원으로 유학을 와서 처음 교회에 나왔지요. 연변 과기대에서 그리스도인이 된 그녀는 아주 성품이 좋고 진실합니다. 저는 그때부터 다음 찬양팀 리더로 리나 자매를 생각하며 기도했습니다. 한국에서나 해외에서나 많은 교회들이 해외 동포들에게 교회에 나오라고는 하지만, 그들을 리더로 세우는 것은 보질 못했습니다. 물론 기존 찬양팀 멤버들이 의아해 하는 것도 알고 있습니다. 낙하산이 맞습니다. 하지만 그들의 신앙과 성품을 믿기에 결정할 수 있었습니다. 바울이 이방인을 처음 초대교회의 지도자로 세웠을 때, 먼저 믿었던 유대인 그리스도인들의 반응이 어땠을까요? 비슷했겠지요.

리나 자매는 저의 제안을 몇 달 동안 거절했습니다. 저도 쉽게 물러설 생각은 없었지요.

"목사님! 저는 한국어 발음이 안 좋아요."

"제가 듣기에는 괜찮은데요. 리나 자매, 그건 문제가 안 돼요."

우리 교회가 처음부터 청년 리더들로 시작되었으니, 어찌 보면 초대교회의 모습과 비슷하다는 생각이 듭니다. 그렇다면 해외에서 온 동포가 우리 교회에서 리더가 되고 주류인 한국 출신 교우들이 그 리더십에 따르는 것이 진정 우리가 본받아야 할 교회의 모습 아닐까요?

리나 자매를 설득할 때 그랬습니다.

"공부만 잘하고 예배만 잘 참석하다 귀국하는 것이 좋을까요? 아니면 힘들고 어렵겠지만, 그래도 한번 이 모험을 즐겨 볼래요?"

바울이 유대인과 이방인이 어우러진 교회의 미래를 분명히 직시했듯이, 저도 더블린한인교회와 우리 젊은 교우들이 해외 동포를 리더로 세우고, 유럽에 흩어져 살아가는 아시안 디아스포라를 리더로 세우고 섬기는 성숙한 믿음의 길을 가기를 소망합니다.

어서 빨리 감기가 치유되길 바라며……

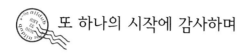# 또 하나의 시작에 감사하며

박 목사님!

소식 전해 주셔서 감사합니다.

오늘은 제가 맡은 프로그램의 행정적인 문제들 때문에 일에 파묻혀 지냈습니다. 이번 주 내내 그렇게 지냈습니다.

소수이기 때문에 겪어야 하는 시행착오들과 어려움이 있다는 것에 깊이 공감합니다. 이럴 때일수록 관심있는 사람들과 함께 나아가야 합니다. 목사님의 역할로 이 모임가 발전하고, 상황을 다양하게 볼 수 있는 인식을 갖게 되기를 바랍니다. 격려합니다. 기도할게요.

모든 일에 하나님의 은혜를 바라며, 로나

Dear Pastor Park

Thank you for your email.

Unfortunately today, and this week, is just full with administrative tasks linked the programmes I administer.

I understand that a small organisation within a small community sometimes starts off on the wrong foot – in which case, it can be better to move forward with the individuals concerned, and hope that your role in the organisation will lead to improvements, and recognition that there are different ways of seeing things. I send you my encouragement and prayers.

With every blessing,

Lorna

Dear Lorna!

드디어 더블린에서 한글학교가 시작되었습니다. 특별히 로나 박사님께서 한글학교의 이사가 되신 것을 많은 한국 사람이 기뻐합니다. 이제 아일랜드에 사는 한국인들, 특별히 어린이들이 이곳에서 토요일마다 한국어를 배우고 한국 문화를 배울 수 있게 되어서 매우 기쁩니다. 제가 아일랜드로 떠날 때, 아버지께서 한 가지 약속을 하자고 하셨습니다.

"아이가 영어를 배우는 것도 중요하지만, 한글도 잘 가르쳤으면 좋겠다."

두 살배기 어린 손녀를 보내면서 아버지는 한글 가르칠 것을 말씀하셨지요. 언어학자이시니 모국어의 중요성을 그 누구보다 잘 아시겠지요. 더러 자신의 모국어보다 영어를 더 중요시 하는 사람들이 있지만, 저 역시 모국어를 익히는 것은 매우 중요하다고 생각합니다. 2005년 겨울부터 로나 박사님은 한인 교회를 세우는 일에 큰 도움을 주셨고, 로나 박사님의 성경공부 그룹을 거쳐 간 한국 유학생이 어느덧 100여 명이 넘었습니다. 그리고 트리니티 대학에 한글 강좌 개설과 한글학교가 시작되는 일에 동참해 주셔서 진심으로 감사합니다.

앞으로도 저희 교회가 이곳에서 해야 할 많은 일들이 있겠지요. 지금처럼 주님의 인도하심과 로나 박사의 실질적인 도움이 없었다면 저는 아무것도 할 수 없었을 것입니다.

해야 할 많은 일들 속에서도 늘 언어학자로 충실하며 날마다 성경을 읽고 묵상하는 일을 게을리하지 않고, 기도로 하루를 열고 닫으며, 더블린 어느 거리를 걷다가도 도움이 필요한 사람에게 손을 내미는 박사님은 하나님이 우리에게 보내 주신 천사입니다.

한국을 방문할 때마다, 유럽에서 생활하는 한국 교포들을 만날 때마다, 유럽 교회는 교인들이 줄어들고 젊은이가 거의 없기 때문에 미래가 절망적이라고 말하는 사람들에게 로나 박사님 얘기를 합니다. 몇 번의 방문으로 유럽 교회가 쇠퇴하고 있다고 판단하며 한국 교회의 열심과 엄청난 성장을 자화자찬하는 사람들이 많이 있습니다. 저 또한 그들과 같은 생각을 하고 이곳 더블린에 왔습니다.

그러나 로나 박사님을 만나고 여러 해를 지내면서 박사님의 변함없는 믿음, 현실의 매듭이 엮어진 소박한 기도와 성실한 성경읽기, 늘 누군가를 도울 준비가 되어 있는 모습에 많은 감동을 받았습니다. 유럽 교회가 쇠퇴했을지언정, 주님은 여전히 이 교회들 안에 믿음을 품은 선한 자를 키워 내고 계셨습니다. 그것이 처음 유럽에 왔을 때 품었던 저의 교만에 대한 회개이며 부끄러운 고백입니다.

2부

동행

무엇보다 그에게는 친구가 필요했습니다. 처음 아델라이드
(Adelaide) 교회에 와서 반갑게 악수를 청하는 그를 보면서 그의 눈
빛에 고인 외로움을 보았습니다.

저도 압니다

저도 압니다. 그와 함께 어디를 가면 사람들이 그를 이상한 눈으로 쳐다본다는 것을. 저도 알고 있습니다. 그에게서 풍기는 불쾌한 냄새, 불룩한 배에 허름한 옷차림, 말할 때는 종종 침이 많이 튄다는 것을. 때때로 그는 말까지 더듬거립니다. 하지만 저는 지금껏 다른 교우들에게 윌리엄이 어떤 사람인지, 그가 언제부터 교회에 나왔는지, 무슨 사연이 있는지 단 한번도 묻지 않았습니다. 왜냐하면 윌리엄에 대한 선입견을 갖고 싶지 않았기 때문입니다. 무엇보다 그에게는 친구가 필요했습니다. 처음 아델라이드 (Adelaide) 교회에 와서 반갑게 악수를 청하는 그를 보면서 그의 눈빛에 고인 외로움을 보았습니다.

지난 화요일에는 오전 예배의 오랜 친구인 윌리엄과 국립박물관에 가기로 약속한 날입니다. 그래서 아내와 율이와 함께 시내에 갔습니다. 그와의 동행이 조금 불편하다는 것을 알면서도 함께해

준 딸아이와 아내가 고마웠습니다.

비에 젖은 그와 함께 박물관 카페에 들어갔습니다. 많은 사람들이 차와 간단한 점심 식사를 즐기며 여유롭게 앉아 있다가, 갑작스러운 불청객의 출현으로 시선이 분주해집니다. 그와 함께 테이블에 앉자 주변 사람들은 그에게서 나는 냄새를 알아채고 쳐다봅니다. 딸아이도 시선을 느꼈는지 묻습니다.

"아버지, 사람들이 자꾸 윌리엄 아저씨를 쳐다봐! 왜 그래!"

"응, 아저씨가 멋있어서 그래."

그에게 근사한 곳에서 따뜻한 식사를 대접하고 싶었는데 오늘이 바로 그날입니다.

음식을 주문하면서 오늘은 내가 대접할 테니 마음껏 음식을 고르라고 말했습니다. 사실 김치 레스토랑으로 초대하고 싶었는데, 그는 다른 음식에 익숙하지 않고 늘 채식만 해서 박물관 카페로 장소를 옮긴 것입니다. 그는 여러 번 고맙다는 인사를 하며 채소가 들어간 점심 메뉴와 초콜릿 케이크, 그리고 커피를 시켰습니다.

몇 달 전에 저희 가족은 윌리엄의 초대를 받은 적이 있습니다. 그는 부모님이 살던 집에서 혼자 외롭게 살고 있었습니다. 그는 엄청난 수집광입니다. 그가 소장하고 있는 수백 장의 CD, 식물, 동물, 아일랜드의 역사, 전쟁사에 관련된 천여 권의 책을 보고 저는 사실 무척 놀랐습니다. 세계의 각종 희귀 우표와 동전을 소유하고 있으며, 어릴 때 가지고 놀던 장난감도 잘 보관했습니다. 마치 과거를 살아가는 사람처럼 그의 집은 어린 시절의 추억이 있는 것들과 오래된 부모님의 사진, 여러 가지 수집물로 가득합니다.

켈틱 십자가 특별 전시회를 함께 둘러보면서 그는 연신 책을 펼치며 설명해 줍니다. 전시관 중에 개인 소장가들의 기증으로 꾸며진 곳을 돌면서 그가 말했습니다.

"나중에 내가 죽으면, 내가 모은 것들을 이곳 박물관에 기증할 거야!"

그리고 잡동사니로 가득한 허름한 가방 속에서 일회용 카메라를 꺼내어 함께 사진을 찍고, 지팡이를 흔들며 멀어져 갑니다. 그렇게 박물관 곳곳을 돌아보고 우리는 헤어졌습니다.

이제 그의 책상 한 구석에 저희 가족과 찍은 사진 하나가 더 놓이겠지요. 그는 흡사 더블린의 앙리 카르티에 브레송은 아닐까 하고 생각해 봅니다. 어쩌면 그는 오늘도 일회용 카메라가 든 가방을 메고, 그의 기억에 포착될 결정적인 순간을 찾아 분주하게 더블린 시내 구석구석을 다니고 있을지 모릅니다.

쿵푸 팬더

모처럼 즐거운 영화를 봤습니다. 해피엔딩에 집착하는 디즈니 영화의 홍수 속에서 〈슈렉〉을 보았을 때의 유쾌한 반전은 없어도, 〈마다가스카르〉의 야생에서 잃어버린 본능을 찾았던 뉴욕 자이언 츠의 이야기만큼은 아니어도 말이지요. 주관적인 견해지만 픽사 (Pixar)와는 달리 어린이뿐만 아니라 어른을 위해서도 작품을 만드 는 드림웍스(Dreamworks)는 뉴욕 동물원의 사자와 얼룩말을 야생 으로 인도하기 위해 항해하는 똑똑한 펭귄(?)의 성공을 확인했을 때, 이미 북경 올림픽을 겨냥한 쿵푸 팬더라는 기막힌 캐릭터를 생각했는지도 모릅니다.

〈쿵푸 팬더〉는 그렇게 엉뚱한 발상에서 출발합니다. 그럼에도 불구하고 제작진은 자신들의 엉뚱한 발상이 결코 우연이 아니라 필연이라며 영화의 시작부터 어른 관객에게 떼를 씁니다. 미국적 인 시각이 짙은 어설픈 동양적 연기론의 필연이라는 실타래와 잠만 퍼질러 자는 신비한(?) 팬더의 일탈, 그리고 이소룡 때부터 각인된 매직 같은 쿵푸를 비비고 버무려 어설픈 동양식 예정론을 만들어 내고 맙니다. 그래서 우리는 팬더가 드라곤 전사로 선택된 영화의 서두에서부터 단돈 5유로로 자비와 웃음을 베풀어 주는 드림웍스의 필살기가 무엇인지 궁금증을 품은 채 영화에 몰입하게 됩니다. 무얼까? 팬더의 필살기는? 강호를 웃으며 거니는 고수의 건곤대나이법일까? 음과 양이 어우러진 음양팔괘장의 역공법일까? 무림의 사파들이 사용하던 잡기일까? 아니면 영화 처음부터 밀어붙인 국수집 대대로 내려오는 비밀의 살수일까? 아쉽게도 답은 "The secret ingredients is nothing(비법은 없다)!" 합리적 이성을 자처하는 그들이 바라보는 동양인의 비밀이라는 것이 nothing이라니!

설상가상으로, 팬더의 쿵푸 필살기가 무엇일까라는 뻔한 결말을 예상하지 못하게끔 다섯 가지 명대사를 집어넣어 철학적 깊이를 애니메이션에 심었다고 자부하는 듯한 인상이 화면 곳곳에 간간이 배어납니다. 그렇게 포악하던 타이렁이 팬더와 싸우다 제 꼬리를 물고 "야옹!" 소리를 낼 때의 섬뜩함이란! 이 영화가 말하는 다섯 개의 메시지를 정리하면 이렇습니다.

첫째, There are no accidents. 자신들이 만든 영화의 필연성에만 적용된 수준에 머물고 맙니다.

둘째, There is no good or bad. 동양적 운명론 자체가 좋고 나쁨의 판단에 서툴다는 투로 전개됩니다.

셋째, You just need to believe. 이 멋진 명문장을 자화자찬 식으로 사용합니다. 그렇게 우리는 팬더가 쿵푸를 한다고 그것도 최고로 잘 한다고 믿어야 한답니다.

넷째, Today is gift. That's why we call it present. 건질 만한 메시지네요. 쿵푸 팬더를 보는 오늘이 가장 큰 선물이라는 심오한(?) 믿음.

다섯째, The secret ingredients is nothing. 비법은 없습니다. 새마을 운동하듯 '하면 된다'는 식으로 무조건 열심히 하는 아시아적 가치.

오히려 이 영화가 저에게 감동을 준 것은 쿵푸하는 팬더가 아니라, 사부 시푸가 자신을 배반하고 포악해진 첫 제자 타이렁에게 한 대사입니다.

"항상 널 자랑했었지. 너의 대한 집착이 크다 보니 네가 어떻게 될지 알지 못했어."

지나친 집착은 사랑을 왜곡할 수 있다는 것. 그대를 향한 지나친 사랑이 오히려 그대에 대한 더 깊은 이해와 사랑에 방해가 될 수 있다는 것을……. 아무튼 이런들 저런들 어떠하리. 우리 집 아이처럼 단소를 거머쥐고 발차기 한방이면 즐거울 것을 "이얍!"

워커스를 먹으며

가족과 함께 테스코에 갔는데 작은 논쟁이 벌어졌습니다. 그것은 바로 타이토(Tayto)를 사느냐, 워커스(Walkers)를 사느냐 하는 문제였지요. 감자칩만큼은 저를 닮아 타이토를 선호하던 율이도 요즘 들어 엄마를 따라 워커스로 입맛이 바뀐 모양입니다. 아군에서 적군으로 변한 딸아이 때문에 결국 워커스를 선택할 수 밖에 없었지요. 그렇게 워커스를 사 들고 집에 들어와 무심코 부엌에 내려놓는데 옆에 있는 쌀자루가 눈에 들어옵니다. 순간 저는 감자칩 크기가 20킬로그램 쌀자루와 크기가 똑같은 것을 보고 놀랐습니다.

"와, 이젠 우리가 아무렇지도 않게 저렇게 큰 감자칩을 사 먹네! 하지만 우린 아일랜드를 위해서 타이토를 사야 해."

사실 이 두 라이벌의 관계는 꽤나 오래되었습니다. 워커스는 영국의 유명한 스낵회사의 제품으로 1948년에 출시되었습니다. 그리고 아일랜드에도 워커스가 전해졌겠지요. 늦긴 했지만 유독 감자에 대한 자존심이 강한 아일랜드에서는 토마스 허친슨(Thomas Hutchinson)이라는 사업가가 1956년에 타이토라는 브랜드로 '감자칩의 독립'을 선언하기에 이릅니다. 워커스보다는 늦게 시작한 타이토이지만 아일랜드 사람들에게 사랑을 받아왔지요.

1847년 아일랜드에는 감자마름병이 섬 전역을 강타하면서 대기근이 시작됩니다. 영국인 지주의 농장에는 밀이 탐스럽게 자라고, 그들의 창고에는 곡식이 가득했지만, 감자가 주식인 가난한 소작농 아일랜드 사람들은 기아로 사랑하는 자녀들이 죽어가는 모습을 지켜볼 수 밖에 없었지요. 그렇게 굶어 죽은 사람은 백만 명에 이르렀고, 1871년에는 인구가 절반으로 감소합니다. 하지만 영국 정부는 식민지의 고통을 외면했고, 군대까지 동원해 영국인 지주의 땅에서 생산한 밀을 더블린 항구를 통해 본국으로 가져갔습니다. 인구의 절반이 굶어 죽었는데 그 장면을 눈뜨고 볼 수 있었겠습니까? 그래서 존 스타인벡은 《분노의 포도》에서 이렇게 표현합니다.

사람들은 멍하니 서서 감자가 떠내려가는 것을 지켜본다. … 사람들의 눈에는 패배의 빛이 떠오르고, 굶주린 사람들의 눈에는 북받쳐 오르는 분노가 번뜩인다. 사람들의 영혼 속에는 분노의 포도가 가득 차서 가지가 휘도록 무르익어간다.

그들의 식탁은 그렇게 생생한 역사가 되어 오늘날까지 현존합니다. 가장 화려한 크리스마스 식탁에도 아일랜드 교우들은 두세 가지의 감자 음식을 내놓습니다. 그들은 감자를 먹으며 일용할 양식에 대한 감사를 잊지 않습니다. 감자조차 먹지 못해 죽어야 했던 사람들, 굶주림으로 죽어간 가족들을 기억하는 곳이 바로 식탁이라는 사실을 알면 한 끼의 식사가 얼마나 거룩합니까? 그래서 한 끼의 식사는 소중한 예배가 될 수 있습니다.

프랭크 매코트(Frank McCourt)의 《안젤라의 유해 Angela Ashes》라는 소설이 생각납니다. 리머릭의 한 가난한 가정, 계속되는 가난과 아버지의 가출 이후 배고픔을 견디다 못해 어머니를 따라 낯선 남자가 사는 집으로 이사를 하면서 펼쳐지는 아이들의 성장기를 보여 주는 가슴 아픈 자전적 소설입니다.

어느 늦은 밤 큰 아들 프랭크는 남자의 구타에 삼촌의 집으로 도망갑니다. 늦은 밤 문을 열어주는 삼촌의 첫마디가 가슴을 저리게 합니다.

"우리 집에는 음식이 없다. 빵 한 조각도 없는걸."

침실로 올라간 삼촌이 남긴 생선과 감자칩 부스러기, 기름기 묻은 신문지를 더듬거리며 배고픈 프랭크는 열심히 그것을 핥아먹습니다. 소설은 이 장면을 이렇게 묘사했습니다.

삼촌이 잠들자 나는 바닥에 떨어진 감자칩 기름기가 묻은 신문
지를 움켜쥐었다. 나는 재빨리 프랑스와 독일에서 패튼과 몽고
메리 승전고를 핥았다. 태평양 전쟁 부분을 핥고, 사망자 기록을
핥고, 슬픈 추모 시들을 그리고 스포츠 면을 계란, 버터, 베이컨
의 시장 가격을 차례로 핥아먹었다. 나는 기름기가 신문에서 모
두 없어질 때까지 신문을 핥아먹었다. 그리고 나는 내일 무엇을
해야 할지 막연했다.

워커스 한 봉지를 다 먹고 나서도 좀 허전합니다. 여전히 제 머
릿속에는 타이토가 떠오릅니다. 감자칩 하나 먹으면서 별소릴 다
한다는 아내의 핀잔을 들으면서도, 다음번에는 기필코 타이토를
사겠노라 다짐했습니다.

아버지의 전축, 그리고 어린 DJ

정든 내 고향은 강남 고속버스터미널에서 한 시간이나 떨어진 경기도 어느 시골이지만, 고향집 안방에는 마을에서 그 크기를 대적할 수 없는 커다란 전축이 있었습니다. 텔레비전도 귀한 시절이라 저희 집에는 그야말로 보물이 두 개나 있었던 셈이지요. 대청마루 기와집 여닫이문을 열면 마루를 가로질러 안방이 나오고 그 안방 문을 열면 우아한 자태를 뽐내던 커다란 전축. 빨간 전원 단추를 누르면 "우웅~" 하며 자신의 존재를 드러내고, 이내 음반 위를 달리는 전축 바늘이 만들어내는 넉넉한 아날로그 음은 어린 저에게 테크놀로지이자 경이로움이었습니다.

당시 어른들이 부르는 트로트를 잘 따라 부르던 동네 아이들에게 음악적 반전을 취할 수 있었던 것은 아마도 그 전축 때문일 것입니다.

어린 저는 완행버스 타는 것이 큰 곤혹이었는데, 그 이유는 김수로처럼 생긴 운전사가 시끄럽게 틀어놓고 감정을 실어 따라 부르던 뽕짝 때문입니다. 울렁거리는 저음과 "앗싸!" 하는 애드리브가 섞인 그 노래들은 심한 멀미를 일으켰습니다. 또래 아이들이 그 메스꺼움 더해 주는 뽕짝을 흥얼거리며 따라 부르는 것이 어린 저에게는 늘 신기했습니다. 그렇게 트로트 위주로 흘러가는 마을 아이들의 음악계에 참신한 대안을 제시하고자 전전긍긍하던 저에게 아버지의 전축은 큰 무기였습니다. 아이들을 불러 모으고 아버지 몰래 음반을 들려주며 귀동냥한 상식으로 조잡한 음악평론을 시작했습니다.

"얘들아! 이건 서부영화에 나오는 음악이야. 라디오에서 나오는 뽕짝과는 차원이 다르지. 이건 과학이야. 과학이 이 판에 음악을 담았다가 다시 들려주는 거지."

손수 기타를 제작해서 배우고 얼마 지나지 않아 이웃 교회에 고정 출연할 정도로 실력을 쌓았던 아버지의 젊은 시절 인기는 못 따라갔지만, 저는 마을 아이들을 위한 DJ 역할 때문에 열심히 음악을 들어야 했습니다. 동요와 뽕짝의 갈림길에 선 그들을 더 큰 음악의 영역으로 인도해야 한다는 사명감이 음악과 친해진 계기가 되었습니다. 아버지의 커다란 전축, 그 전축에 가득한 크리스마스 캐럴과 찬송가 연주 음반, 그리고 촌스러운 사진에 희뿌연 원피스를 입은 여인들의 모습이 담긴 경음악 음반, 싸구려 클래식 음반, 정말 오래된 팝송과 외국 곡을 번안한 70년대 가수들의 음반, 서부영화의 그림이 들어 있던 음반들. 어설펐지만 그리운 우리 동네 어린 DJ.

이제 나이를 먹어 두 아이의 아비 노릇을 하면서, 문득 어린 시절 아버지의 전축이 생각납니다. 그리고 이제야 고단한 하루 일을 마치고 돌아온 젊은 아버지가 왜 흙 묻은 손으로 전축을 틀고 흘러나오는 노래를 낮은 목소리로 흥얼거리셨는지 알 것 같습니다. 옆에 다가와 앉은 막내의 머리를 쓸어 주시며 왜 정답게 제 이름을 부르셨는지 알 것 같습니다.

웨일즈의 작은 마을에서

웨일즈 하면 떠오르는 것이 많지 않은 것은 비단 저의 지식의 울타리가 좁기 때문만은 아닌 듯합니다. 웨일즈는 그리 화려한 역사의 꽃을 피워 내지 않았지만, 적어도 그 대가들의 이전 세대인 부모들을 통해 간접적으로 영국 문학과 역사 속에 희미하게나마 풍토적 면모를 드러냅니다.

지난주 웨일즈의 작은 시골 교회인 하노버 교회를 방문하면서 다시 한 번 그것을 확인할 수 있었습니다. 웨일즈, 이 땅은 '완성이 아닌 미완성'의 가능성이 세상의 중심으로 날개를 펼치게끔 하는 부드럽지만 강직한 샘물로 조용히 흐르는 듯합니다.

우리가 잘 아는 《나니아 연대기》의 작가 C. S. 루이스(실은 그의 책 가운데 《헤아려 본 슬픔》과 《고통의 문제》가 더 백미라고 생각합니다)의 아버지와 위대한 청교도 작가인 《실낙원》을 저술한 존 밀턴의 어머니가 웨일즈 출신입니다.

제가 웨일즈를 찾은 이유는 신미양요의 빌미를 제공한 제너럴
셔먼호에 탑승한 어떤 사람 때문입니다. 일반적인 한국 근대사는
그를 기억하지 않습니다. 선교사의 신분으로 승객이었는지, 통역
자로 탑승했는지 역사는 분명하게 말해 주지 않지만, 웨일즈 출신
의 엘리트 청년은 조선을 선교할 목적으로 배를 탔습니다. 그러나
대동 강변에서 군졸들에 의해 참수당합니다.

그의 이름은 로버트 저메인 토마스(Robert Jermain Thomas)입니
다. 어찌나 한적한 마을인지 웨일즈의 하노버 교회당을 찾기가 쉽
지 않았습니다. 게다가 비까지 내리니 순례자가 된 것 같은 감흥
을 느낄 정도로 호젓함이 번지더군요. 작은 시골 교회의 목사인
아버지 로버트 토마스는 1863년 7월에 똑똑하고 젊은 둘째 아들
을 멀리 중국의 선교사로 파송합니다.

그리고 4년 후 1866년 9월에 그 아들은 27세의 젊은 나이로 조
선 땅에 내리자마자 순교합니다. 너무나 짧은 이야기 속에 숨어
있는 웨일즈 변두리의 작은 마을 교회. 그렇게 우리 땅을 처음 두
드린 작은 밀알이 영국의 변방 웨일즈의 작은 교회가 배출한 선교
사였다는 사실에 놀랐고, '작은 자'를 쓰시는 성경의 진리로 인해
'모퉁잇돌'이 주춧돌이 되는 실제가 우리나라 땅에서 일어났다는
사실에 다시 한 번 놀랐습니다.

비가 부슬부슬 내리는 낡은 예배당 앞에 가득 찬 무덤 가운데

토마스 목사님의 묘비를 더듬어 보았습니다.

나의 날이 지나갔고 내 계획, 내 마음의 소원이 다 끊어졌구나(욥
기 17:11).

유능한 아들을 잃은 아버지는 아들의 묘비에 이 성구를 새겼습
니다. 소중한 아들의 순교가 얼마나 애통했으면 욥기의 말씀을 썼
을까 생각하니 마음이 아련합니다. 아들의 묘비를 매일 마주하면
서 이십여 년을 한결같이 예배당을 드나들며 교회를 섬겼을 아버
지 토마스 목사님을 생각하며 목회의 '정도'라는 것과 신앙의 '한
결같음'을 돌아보게 된 소중한 여행이었습니다.

끝내 울고 마는

　딸아이의 유치원이 끝나는 날입니다. 금요일을 마지막으로 유치원을 마치고 이제 9월에 학교에 들어가게 됩니다. 지난 가을 처음 유치원에 가던 날, 아이는 엄마와 떨어지지 않으려고 눈물바람을 했습니다. 그런데 지금은 친구들과 헤어지기 싫어서 다섯 살 딸아이가 울고 있습니다. 친구들과 선생님들이 정성껏 만들어 준 스케치북만한 카드를 받아 들 때까지만 해도 기분이 좋아 보였습니다. 방학과 졸업을 앞두고 요란한 사진 촬영은 없었지만, 예쁜 케이크를 나누어 먹으며 마지막 인사를 나눕니다.

　그런데 막상 유치원을 마치고 집으로 돌아오려는 순간, 아이는 참았던 울음을 터트리고 말았습니다. 정든 친구들과 마지막 작별 인사를 하는데 아이가 너무 서럽게 우는 바람에 선생님들도 눈시울을 적십니다.

　정든 유치원을 떠나 더 넓은 세상으로 나아가는 첫 관문에서 딸아이는 어렴풋이 헤어짐을 배우겠지요.

다섯 살 우정에도 그리움이 있나 봅니다. "여율, 굿바이" 하던 선생님들도 다시 한 번 율이를 안아줍니다. 자신의 사물함을 정리하고 엄마가 마지막 짐을 챙기자, 아이는 더 서럽게 웁니다. 울다가 친구들에게 달려가 서로 안아주며 이별의 정을 나눕니다.

"율아! 울어 괜찮아. 오늘은 울어도 되는 날이야."

그렇게 아이를 달래도 울음을 그치지 않습니다.

"여율, 친구들 보고 싶으면 가끔 와도 돼."

교장 선생님이 다독거려도 속수무책입니다.

"다시 와도 친구들이 없잖아. 친구들도 학교에 가잖아" 하면서 얼굴이 벌겋도록 울어댑니다.

집에 가는 내내, 아이는 여전히 눈물을 그치지 못합니다. 집에 돌아와서야 친구들이 만들어 준 카드를 펼쳐봅니다.

안녕 율아!

우리 모두 네가 많이 그리울 거야.

- 사랑하는 해바라기 유치원 친구들이

카드 겉장에 커다란 선생님의 글씨가 보입니다. 카드 안에는 친구들의 손바닥 도장이 찍혀 있고 그 아래로 친구들의 이름이 적혀 있습니다.

Johann, Dominick, Matthew, Tionei, Jonathan, Ryan, Seadna, Ava, Marcus, Sam, Brendan, Sian, Shannagh.

아이는 친구들의 손도장에 자신의 손을 대어 보며 또 다시 슬픈 표정을 짓습니다. 시무룩한 아이 때문에 저희 부부까지 마음이 무거웠던 하루였습니다. 《사람은 무엇으로 사는가?》에서 톨스토이는 이렇게 말합니다.

> 하나님께서는 사람들이 떨어져 사는 것을 원치 않기 때문에 각자 자기에게 필요한 것이 무엇인지 깨우쳐 주지 않으셨습니다. 그리고 사람들이 서로 모여 살아가기를 원했기 때문에 자기 자신과 모든 사람에게 필요한 것이 무엇인지 가르쳐 준 것입니다. 사람들은 자신의 걱정으로 살아간다고 생각합니다. 그러나 사실은 사랑에 의해서 살아가는 것입니다. 나는 이제야 그걸 깨달았습니다. 사랑으로 살아가는 사람은 하나님 안에 사는 사람이며, 하나님은 그 사람 안에 계십니다. 하나님은 곧 사랑이기 때문입니다.

아이도 언젠가는 톨스토이의 말에 고개가 끄덕여질 때가 오겠지요. 비록 헤어지지만 함께 어울려 살아가는 것을 깨우쳐 나가는 듯합니다. 오래전에 읽은 책 제목처럼 녀석은 어쩌면, 인생에서 정말 알아야 할 모든 것을 유치원에서 배웠는지도 모릅니다.

그리운 선생님

선생님을 생각하면 늘 푸짐한 밥상이 생각납니다.

"공부하려면 잘 먹어야 돼요. 유학 시절에 나는 너무 못 먹어서 시험 때가 되면 늘 피곤했거든요."

선생님이 저를 부르시는 장소는 학교 앞에서 가장 좋은 식당이었습니다. 때로는 깔끔한 초밥집으로, 시험 기간에는 든든한 갈비집으로, 가끔은 종로 1가에서도 가장 반찬이 정갈한 한식집으로. 그렇다고 선생님이 돈을 함부로 쓰는 분은 절대 아닙니다. 한번은 친구들과 선생님 댁에 방문한 적이 있는데, 거실에는 가구라고 할 만한 것도 그 흔한 액자조차도 없었습니다. 선생님은 자가용도 없이 늘 버스로 출퇴근을 하셨습니다. 하지만 제자들에게만은 늘 큰 손이었지요.

선생님은 철학 교수입니다. 저희 학교 출신도 아니셨고 저희 학교에서 제일 가까운 여대를 졸업하고 독일 유학을 다녀오신 후에 철학과 교수로 오셨지요. 복학한 후에 혼란한 시국으로, 학내 문제로 대학 생활은 쉽지 않았습니다.

그렇게 정신적 방황을 하던 시절, 우연히 교수님의 강의를 듣게 되었습니다. '실존주의'라는 과목입니다. 제가 첫 수업 발제자였는데, 학생들은 질문을 하지 않고 선생님께서 계속해서 질문하셨습니다. 사르트르의 《구토》, 카뮈의 《이방인》, 키에르케고르의 《죽음에 이르는 병》에 대한 질문을 한참 하시던 선생님은, 언제 이런 책을 읽었냐고 물으셨습니다. 사제의 인연이 되려고 그랬는지 첫 발제에 나온 책들은 다행히 이미 읽은 것입니다. 에이플러스는 한 명밖에 안 준다는 선생님의 깔끔한 원칙 1퍼센트 안에 들기 위해 저는 정말 행복하게 철학공부를 시작했습니다.

대학원을 준비하던 4학년, 본 대학원을 가려면 영어 시험과 독일어 시험이 필수인지라 그냥 편하게 신학대학원을 갈까 고민하고 있을 때 선생님은 느닷없이 이런 말씀을 하셨습니다.

"독일어는 아무에게나 배우면 안 돼요. 내가 가르쳐 줄 테니 내일부터 하루에 한 시간씩 같이 공부합시다. 수업 후에 연구실로 와요."

그렇게 얼떨결에 난생 처음으로 일대일 무료 과외를 받게 되었습니다. 그보다도 '얼마나 독일어를 잘하시면 아무에게나 배우지 말라는 걸까?' 내심 궁금했습니다. 그렇게 독일어를 하루에 한 시간씩 공부하면서 저는 그야말로 독일어에 눈을 떴습니다. 독일어 초절정 고수의 일대일 과외 덕분에 저의 실력은 하루가 다르게 늘었고, 한 학기 동안에 복음서 두 곳과 원서 한 권을 독파할 수 있었습니다.

나중에 들으니 선생님의 독일인 친구가 그러셨답니다. 너희 선생님, 독일 사람인 나보다 독일어를 더 잘하는 사람이라고.

유학을 포기하고 강원도 화천으로 목회를 나가던 저에게 선생님은 이렇게 말씀하셨습니다.

"공부의 장소는 중요하지 않아요. 칸트는 평생을 한 곳에서만 살았어요. 생각하는 힘이 있으니 잘 할 거예요. 잘 가요. 나의 첫 제자!"

지금은 멀리 떨어져 찾아뵙지 못하지만, 선생님은 늘 제 마음속에 큰 산으로 함께해 주십니다.

"감사합니다, 선생님!"

스파게티의 추억

스파게티하면 하이에나 떼가 생각납니다. 자취하던 대학생 때, 전도사로 있던 교회의 학생들이 무리 지어 학교까지 쳐들어오는 경우가 더러 있었지요. 요즘이야 몇 걸음만 나가도 편의점에서 햇반과 김치를 살 수 있고 만들어진 음식도 많지만 그 당시에는 그런 게 흔치 않았습니다. 당시 저는 이 학생들의 왕성한 식욕을 만족시켜 줄 비법을 연마하지 못했던 때라 종류별 라면을 섭렵하며 버텨야 했습니다.

이 라면 기행의 종지부를 찍게 된 사건이 있었으니, 바로 노스웨스트(Northwest) 항공사 승무원이셨던 어느 집사님과의 만남입니다. 집사님은 저에게 간단하게 조리할 수 있는 스파게티 요리법을 전수해 주셨습니다. 무엇보다 중요한 것은 면을 쫄깃쫄깃하게 잘 삶아야 한다는 것입니다. 너무 익어 쉬 끊어져도 안 되고 덜 익으면 설은 밥과 같다고 하셨는데, 그때는 무슨 말인지 잘 몰랐습니다. 어설픈 스파게티는 그 뒤로 제가 할 수 있는 비장의 카드였지요.

시간이 흘러 아일랜드에서 살다보니 스파게티와 파스타의 홍수 속에 살고 있습니다. 14세기 초 중국을 여행하고 돌아오던 마르코 폴로가 가져온 국수가 이탈리아의 풍토에 맞게 발전된 것이 스파게티의 유래입니다. 이제는 유럽을 넘어 전 세계에서 즐겨 먹는 대중적인 음식이 되었습니다.

도시 한복판에 살 때입니다. 십 킬로그램짜리 쌀자루를 들고 엘리베이터에 탔는데 웬 녀석이 달려옵니다. 이 녀석 제가 든 쌀자루를 보면서 씩 웃더니 "너는 그렇게 쌀을 많이 먹니!" 그러더군요. "네 손에 든 건 뭔데?" 이렇게 묻자, 녀석은 또 한번 느끼하게 씩 웃으며 "이건 파스타야." 그래서 저도 "너는 파스타를 그렇게 많이 먹니!" 되받아쳤습니다.

스파게티는 롱 파스타의 한 종류입니다. 다양한 모양으로 눈을 즐겁게 해주는 파스타는 숏 파스타 범주에 들어가지요. 사실은 모양을 중시하는 것 같지만 소스가 잘 묻는 면적을 고려해서 만들어지지요. 모양이야 어떻든지 파스타 요리는 소스도 중요하지만 면을 삶는 것이 중요합니다.

듀럼 세몰리나라는 딱딱한 밀로 만들어지는 스파게티 면은 씹기에 알맞을 정도로 삶아야 하는데 그것의 최상을 '아르 덴테(al

Dente)'라고 합니다. 너무 익어도 너무 덜 익어도 안 되죠. 이 조화를 맞춘다는 것은 제 실력으로는 어림도 없을지 모릅니다.

"우리 고향은 아르 덴테, 너무 이르지도 않고 너무 늦지도 않은 그 이름도 듀럼 세몰리나 찬란한 황금빛 밀."

사람 사는 거나 스파게티 면 삶는 거나 크게 다르지 않습니다. 인생의 아르 덴테를 이루기 위해서 우리는 너무 빨리 결과를 얻으려 해도 안 되고, 너무 쉽게 포기해서도 안 됩니다. 살아온 날과 장소는 다르지만 여전히 우리는 너무 이르지도 너무 늦지도 않았습니다.

토카타와 푸가 라단조

종종 생각합니다. 바흐가 얼마나 위대한가를! 다시 말하면 독일 북스테후데의 충실한 음악적 엄격함이 이탈리아의 자유로운 음악적 정서를 대변하는 두 대가인 코렐리와 비발디를 접하게 된 사건, 서양 음악사의 한 완성이 이루어진 생생한 현장! 그 현장이 바로 바흐라는 한 인물의 내면에서 일어났다는 사실이 놀랍습니다. 베토벤의 협주곡 연주에 나름대로 재능이 있다고 아내를 평가해 왔는데, 그녀가 파이프 오르간을 배우고 싶다고 했을 때 제일 먼저 떠올린 곡이 바로 이것입니다.

"난 당신의 베토벤 연주에 만족해!"라며 핀잔을 주었건만, 아내의 고집스러운 오르간 애착을 꺾을 수 없었습니다. 대학원에 다니라는 말에 레슨비 더 비싸게 받으려고 대학원 가냐면서 시큰둥하더니, 화천에서 서울까지 왕복 다섯 시간을 버스 타고 다니며 1년 동안 오르간 레슨을 받았습니다.

그렇게 오르간 슈즈 하나만 달랑 들고, 더블린 행을 감행했는데 마침 저희가 찾은 교회에 오르간이 있었습니다. 그때 아내는 아마도 감격했을 것입니다. 아니 어쩌면 초등학교도 가기 전에 피아노를 배우고 평생의 업으로 삼을 만큼 피아노에 열중했던 아내였기에 파이프 오르간을 배우게 될 과정이 펼쳐졌는지도 모르겠습니다. 만일 바흐가 이탈리아에서 태어났다면 과연 이 곡을 만들었을까 하는 의문이 듭니다. 인간에게 기초란 무엇일까? 엄격함인가, 자유로움인가? 마치 에리히 프롬의 소유냐, 존재냐 하는 문제처럼 쉽지 않은 질문입니다.

　굳이 그 순서를 열거하자면, 저는 바흐가 이룩한 음악 성취도의 방법에 후한 점수를 주고 싶습니다. 음악의 엄격함에 먼저 눈을 떴던 바흐였기에 자유로운 연주 기법이 천박해지지 않았을 것입니다. 파이프 오르간에 있어서 만큼은, 음악의 엄격함이 자유로움을 앞서야 한다는 것을 이 음악을 들으면서 확신했습니다. 역으로, 이탈리아에서 자란 동시대의 연주가가 독일에 와서 나중에 음악의 엄격함을 배웠다면 지루함 때문에 오르간 연주를 포기하지 않았을까 하는 생각이 듭니다.

　봄이 올 무렵, 파이프 오르간 콩쿠르에 나갈 아내의 오르간 슈즈가 낡아 밑창이 떨어진 것을 보고 남편 된 사람의 무능함에 코끝이 찡합니다. 아내가 오르간 슈즈가 낡아 떨어지도록 베이스 페달을 밟으면서 연주한 곡은 바흐의 이 곡이 아니라, 젊은 바흐가 죽어라 연습했던 북스테후데의 곡입니다.

젊어서 꼭 해야 할 일이 그런 것이 아닌가 합니다. 자신이 천직으로 여기는 분야에서 놓치지 말아야 할 기본기를 다지는 것, 그 것은 나중에 다시 채울 수 없는 소중한 인고의 시간들입니다. 그 래서 북스테후데를 완성한 사람만이 바흐의 곡, 토카타와 푸가를 연주할 진정한 자격이 있는 것은 아닐까요? 흉내가 아닌 제 소리, 폼이 아닌 기본기! 엄격함보다는 자유로움에 익숙한 우리, 그것이 늘 우리에게 숙제입니다.

우리들의 잃어버린 교회

《강아지 똥》과 《몽실 언니》의 작가로 알려진 권정생 선생님은 아동문학가입니다. 순박함과 농익은 장맛 같은 구수함으로 표현되는 그의 글과 삶의 우직함은 예수 그리스도에 대한 믿음에 그 기반을 두고 있습니다. 해방 전 일본에서 태어나 험난한 유년기를 보낸 그는 1967년부터 경북 안동의 어느 마을 교회 문간방의 종지기로 살았습니다.

나는 세례를 받은 지도 30년이나 되고 집사라는 직책을 받은 것도 비슷한 햇수가 되는데도 한 번도 만족한 예배를 드려본 적이 없다. 참으로 이름 그대로 돌 예수꾼이었다. 다만 내가 예배당 문간방에서 살면서 새벽종을 울리던 때가 진짜 하느님을 만나는 귀한 시간이었는지 모른다. 특히 추운 겨울날 캄캄한 새벽에 종줄을 잡아당기며 유난히 빛나는 별빛을 바라보는 상쾌한 기분은 지금도 그리워진다. 60년대만 해도 농촌 교회의 새벽기도는 소박하고 아름다웠다. 전깃불도 없고 석유 램프 불을 켜놓고 차가운 마룻바닥에 꿇어앉아 조용히 기도했던 기억은 성스럽기까지 했다.

2000년 여름에 쓴 《우리들의 잃어버린 교회》에서 작가는 오늘날 교회가 잃어버린 순박한 신앙의 열정을 회복해야 한다고 따끔하게 충고합니다. 학교가 아닌 교회에서 첫 배움을 얻었고 그렇게 성경 속에서 교회 안에서 참 그리스도의 제자로 살아간 사람. 그가 지적하는 잃어버린 교회의 모습에 대해서 우리는 진지하게 숙고해야 합니다.

어쨌든 교회는 70년대부터 갑자기 권위주의, 물질만능주의, 거기다 신비주의까지 밀려와서 인간 상실의 역할을 단단히 했다. 조용히, 가슴으로 하던 기도는 큰 소리로 미친 듯이 떠들어야 했고, 장로와 집사도 직분이 아니라 명예가 되고 계급이 되고 권력이 되었다.

물론 주님의 삶을 살아가려 애썼던 그가 큰 소리로 기도하는 진실한 회개를 모를 리 없습니다. 밤마다 교회 문간방에 모여 청년들과 성경을 읽으며 고구마를 삶아 나누고 생 무를 깎아 먹으며 헌금을 드리기 위해 가마니를 짜보았기에 선생님의 말씀에 더 진한 밑줄을 긋게 됩니다.

지금 교회는 어떤가? 선교를 한답시고 온 세계에 떠들고 다니며 하느님을 욕되게 하고 있지 않는가? 온갖 공해에 시달리는 현대인들에게 교회도 하나의 공해물로 인식된다면 빛과 소금은커녕 쓰레기만 배출해 내는 꼴이 되지 않겠는가? 그런데도 반성할 틈도 없이 그냥 발가벗은 임금님처럼 앞으로 가고만 있다.

산업화와 경제 성장 신화의 달콤한 유혹에 길들여져 더 이상 자발적 사랑이 아닌 구호적 외침에만 몰두하는 오늘의 교회를 염려하는 그의 말에 귀 기울여야 합니다. 선교가 중요하지 않다는 것이 아니라, 해외 선교가 유행이고 대세이기 때문에 하는 것을 '좋은' 믿음으로 포장하는 것은 아닌지요? 우리 안에 만연된 흑백 논리가 교회 안에도 그대로 나타납니다.

산을 옮길 만한 믿음이 있어도 사랑이 없으면 아무것도 아니라고 사도 바울은 말했다. 회개를 부르짖고, 정의를 부르짖고, 온 세계를 다니며 복음을 전해도, 수십만 명이 모이는 교회를 만들어도, 인간에게 따뜻한 정(사랑)이 없으면 정말 아무것도 아니다.

이런 소박하고 지극히 작은 사랑이 없으면 아무것도 아니다.

여러분이 믿는 하나님은 누구입니까? 지배자의 하나님입니까? 작은 자의 하나님입니까? 강압적으로 정복하는 분입니까? 사랑의 주님입니까?

《돈키호테》의 저자 세르반테스는 "말을 타는 자세에 따라 기사도 될 수 있고 마부도 될 수 있다"고 말했습니다. 땅 끝의 증인이 된다는 것은 그냥 가서 외치는 사람이 되는 것이 아닙니다. 복음이라는 칼 끝을 자신의 삶에 겨눈 사람만이 증인이 되는 것입니다. 그래야만 위증이 아닌 증언을 할 수 있습니다.

존재의 목자

독일의 철학자 하이데거가 〈휴머니즘에 관하여〉라는 논문에서 인간을 '존재의 목자', '존재의 이웃'이라고 표현한 것은 숙고해 볼만 합니다. 그저 문학적 수사학이 만들어낸 표현이라 치부할 수 없습니다. 나치 때 대학총장을 지낸 경력 때문에 종전 후 나치 협력자로 낙인찍혀 강제 휴직된 그는 조용히 자신의 연구를 지속했습니다. 1966년 〈슈피겔〉과의 인터뷰에서 그는 "내가 아는 한 인간의 경험과 역사에 따르면 모든 본질적이고 위대한 것들은 인간이 고향을 갖고 있고 전통에 뿌리를 두고 있다는 데에서 기원한다"라고 말했습니다.

또한 그의 유명한 말, "오직 신만이 우리를 구원할 수 있다"라고 했던, 인터뷰에서의 고백은 그가 세상을 떠난 후인 1976년에 공개되었습니다.

종전으로 치닫던 무렵의 혼탁한 악의 현장에서 시작된 그의 휴머니즘에 대한 연구 결과는 전쟁 후 1946년에 위의 논문으로 탄생합니다. 2차 대전의 참혹함을 보고 그 현장에서 회심했던 쉰들러가 리스트를 작성했다면, 그는 학자답게 인간 존재의 근원적 사태에 대해 몰두했던 것입니다. 2차 대전 이후에는 인간의 문제에서 더 나아가 성스러움과 존재, 신을 연결하는 형이상학적 물음에 몰두합니다. '존재의 목자' 란 피조물 일체를 보호해 주는 상징적 집을 지어주는 목수와 같은 이웃을 말합니다. 이 말이 참 어려운 것 같아도 우리에게 적용하면 쉽게 이해가 됩니다. 인간은 지나친 집착과 '자기애' 로 내면에 거대한 울타리를 만들기도 하고, 반대로 지나치게 자아로부터 대상을 향해 도피하는 탈 존재의 경향을 보인다는 말입니다.

하이데거가 주목하는 '성스러움(das Heilige)' 은 '온전하게 하다', '치료하다' 와 상응하는 단어입니다. 인간이 성스러움으로 나아간다는 것은 온전히(Heil) 회복된다는 것이지요. 이 성스러움으로의 여정을 하이데거는 '존재의 목자' 로 표현했습니다. 세상을 정복하고 약탈하는 소유의 주체가 아닌 사람과 사람 사이의 빈자리를 지켜주는 자, 그렇게 모든 피조물을 향해 사랑의 시선을 던진 자, 저는 그분이 예수 그리스도라고 고백합니다. '존재의 목자' 가 된다고 하는 것, 그래서 상한 자와 상처 입은 자에게 새로운 신뢰를 주신 분이 그분이기 때문입니다.

십자가의 예수님을 바라보면서 그분을 희롱하던 무리는 역설적이게도 "그가 하나님을 신뢰하니 하나님이 원하시면 이제 그를 구원하실지라"(마 27:43)며 조롱합니다. 불과 반나절 전에 하나님을 모독했다는 죄목으로 예수님에게 십자가형을 내렸던 저들은, 그만 자신들의 입으로 예수께서 얼마나 철저하게 하나님을 신뢰하셨는지를 시인한 셈입니다. 예수 그리스도는 철저하게 하나님을 신뢰했고, 그렇게 이웃과 낮은 자들을 신뢰했으며, 제자들을 향해서도 신뢰하고 신뢰하라, 믿고 믿으라고 말씀하셨습니다.

지난주간에 우연히 대학원 때 공부했던 하이데거의 소논문을 읽으면서 참으로 중요한 사실 하나를 재확인했습니다.

하나님을 향한 철저한 믿음과 신뢰로 그렇게 갈릴리와 티베리아 호숫가를 당당하게 거닐었던 청년 예수야말로 '존재의 목자'로 우리에게 다가오십니다. 사람과 온 세상의 피조물을 향해 화목하라는 거시적인(macro) 그리스도는 그렇게 지극히 작은(micro) 우리 개개인의 모순을 온전하게 치료해 주시는 성스러움으로 다가오십니다.

그의 십자가의 피로 화평을 이루사 만물 곧 땅에 있는 것들이나 하늘에 있는 것들을 그로 말미암아 자기와 화목하게 되기를 기뻐하심이라(골로새서 1:20).

相馬失之瘦 相士失之貧

본질을 꿰뚫어 보는 일은 쉽지 않습니다.

"말을 살핌은 비쩍 마른 데서 놓치게 되고, 선비를 알아봄은 가난에서 실수가 생긴다."

천재도 수재도 아니었지만 끝없는 성실과 엄청난 독서로 자신의 삶을 만들어 갔던 조선 중기의 문인 김득신은 이렇게 말했습니다. 저는 이 구절을 읽을 때마다 생각나는 사람이 있습니다.

화천에서 첫 목회를 하던 시절, 읍내 제법 큰 교회 목사님의 요청으로 그곳 학생들에게 영어 독해를 가르친 일이 있습니다. 저녁 시간에 학생들을 가르치다 보면 이따금 웬 40대 초반의 남자가 반바지 차림에 아이스크림이 담긴 비닐봉지를 들고 들어와 뒤에 앉아 조용히 수업을 듣다가 끝나면 아이들에게 아이스크림을 하나씩 나누어주고는 슬그머니 목례를 하고 나가곤 했습니다. '참 재미있는 분이네!' 라는 생각은 들었지만 성격상 어떤 분인지를 묻지 않았습니다.

'아이들만 주고 왜 나는 안 줘!' 하는 섭섭함은 이내 호기심으로 변했지만 저는 조금만 더 기다리기로 했습니다. 마침내 이 사람이 하루는 저희 집에 전화를 했더군요. 식사나 같이 하자면서요. 그렇게 그분과의 만남이 시작되었습니다.

"좋은 일 하시네요. 시골 녀석들이라 꼴통이 많지요."

대수롭지 않는 얘기 속에서 그는 의외로 재미있는 사람이었습니다. 그는 자신에 대해서 어떤 말도 하지 않고 화천에서 맛난 식당들의 별미를 맛보게 해주는 벗이 되었습니다. 그가 안내하는 식당은 아주 정겨웠고, 저렴하지만 주인이 음식을 열심히 만든다는 공통점이 있었고, 그와 식당 주인들은 이미 상당한 친분이 있었습니다. 제법 친해지자 그가 물었습니다.

"그런데 목사님, 제가 뭐하는 사람인지 궁금하지 않으세요?"

"별로요. 저야 밥 친구니까 더 이상 바랄 것이 없는데요."

그렇게 맛있는 밥을 사주던 그는 차를 가져다주었고, 나중에는 책을 전해 주는 벗이 되었습니다. 그가 전해 주는 책은 대부분 한국학이나 한국 고전이었습니다.

"막히는 것은 건너뛰고 쉬엄쉬엄 읽어 보세요."

늘 그렇게 한두 권의 책을 전해 주던 그는 춘천에 있는 대학의 교수였습니다. 어느 날 저녁 그가 찾아와 이런 말을 했습니다.

"목사님, 산상수훈을 읽으면 읽을수록 모르겠습니다. 그런데 그것이 율곡의 심학과 너무나 똑같아요."

얼마나 읽었기에 그러느냐고 핀잔을 주니 그의 대답이 가관입니다.

"한 달 동안 쉬지 않고 읽었는데요. 가벼운 듯 무거워 마음이 뻐근해지네요."

그때 저는 큰 충격을 받았습니다. 유한한 언어에 담아낸 복음의 진의를 찾아내려는 젊은 학자의 탐독을 듣고, 제 자신이 부끄러웠습니다. 그리고 마음으로 글을 읽는 그의 집중력에 전율했습니다. 이분의 아내되는 집사님은 남편의 신앙이 늘 부족하다 생각했지만, 저는 동의할 수 없었습니다.

相馬失之瘦 相士失之貧. 비쩍 말랐다고 사람들이 거들떠보지도 않는 말 가운데 명마가 있습니다. 평범한 행색 때문에 눈길 한번 받지 못하는 가난한 선비 가운데도 숨겨진 그릇이 있기 마련입니다. 그런데 우리의 눈은 늘 허상만 쫓아다니는 것은 아닌지요. 눈으로 읽고 다시 마음으로 읽어 새기고 새기는 그의 독서가 두고두고 생각납니다.

어느 감사절의 기억

산골의 추수감사절은 참 행복합니다. 이건 마치 동네 잔칫날 같습니다. 이날만큼은 평소에 예배당에 오지 않던 어르신들도 감사절 떡을 드시러 걸음하십니다. 교회에 나오지 않는 분들도 자녀들이나 손주들을 통해 예배당에 장식할 한두 가지 곡식을 보내주십니다. 해마다 추수감사절이 있는 11월 마지막 주일은, 서로를 얼싸안아주고 추운 겨울을 잘 견디자고 격려하는 사랑과 기쁨의 장입니다. 사실 이러한 전통이 생겨난 계기가 있습니다.

겨울이 일찍 오는 산골의 11월 어느 저녁. 인기척이 나서 문을 열어보니 구 이장 댁 할머니의 큰사위가 찾아왔습니다.

"이거 우리 장모 일 년 농사 헌금이요."

무척 자존심 강한 어르신인데 장모님 때문에 교회까지 걸음을 하셨습니다. 마을 사람들의 눈길이 부끄러우셨는지 저녁 길을 택하셨지요.

"할아버지, 저녁 진지 드시고 가세요."

같이 늙어가는 장모와 큰사위지만 장모에 대한 사랑은 저에게 두고두고 큰 배움이 됩니다. 마을에 교회가 들어선 지 10여 년이 지났지만 할아버지에게는 처음 있는 일이라 무척 긴장되셨나 봅니다. 짊어지고 오신 쌀자루를 받아 놓고, 진지는 벌써 드셨다고 해서 차와 다과를 대접하고 할아버지를 위해서 잠시 함께 기도했습니다.

다음날 마을 사람들은 할아버지가 어제 저녁 무엇을 했는지 다 알게 되었습니다. 동네 가게 상기 엄마의 눈을 피할 수는 없었지요. 마을 사람들이 매일 모이는 회관에서 할아버지는 어제 교회에 간 이유를 해명해야 했습니다.

"교회 가니까 좋던데. 목사가 장모와 나, 무병장수하라고 기도해 주는데 기분이 나쁘지 않아."

그런데 할아버지는 여기서 그치지 않았습니다.

"아! 자네들도 추수감사절에는 그렇게 해. 자네 애들 맨날 교회에서 신세 지잖아!"

그렇게 마을에서 존경받던 할아버지의 한마디 설교로(?) 마을 사람들은 감사절이 되면, 한분 두분 교회를 찾아오거나 교인들을 통해 산골에서 나는 것들을 보내오셨고, 이것은 교회의 아름다운 감사절 전통이 되었습니다. 마을 사람들과 감사절을 나누고 싶은 마음에 떡을 몇 말해서 밤늦도록 율이와 돌리기도 했습니다.

어른 품만한 산골 고랭지 배추, 아이 허리만한 무, 뜨거운 태양을 머금은 호박, 잘 말린 각종 나물, 저녁노을 빛깔 같던 태양초, 빗자루처럼 예쁘게 묶어 보내오신 수수, 율무와 더불어 산에서 딴 벌꿀과 장뇌삼까지. 너무나 풍성했던 그 추수감사절을 잊을 수 없습니다.

갖가지 곡식들이 빼곡히 들어찬 강대상 앞에서 설교하다 보면 아이들의 장난으로 더러 호박과 과일이 굴러다녔습니다. 한 해가 저물어 갑니다. 삶의 조건에 불평하지 않는 것, 그것이 어쩌면 감사하는 마음을 가진 사람과 그렇지 않은 사람의 차이일 것입니다.

오늘 우리에게 감사라는 것은 더블린을 거닐며 하루를 소중하게 여기며 불평하지 않는 것입니다.

위대하고 자유로운 객관성

강원도 산골, 온통 눈 천지로 변하는 연말이면 주로 듣는 곡이 베토벤이나 바흐 또는 브람스입니다. 한 해를 돌아보며 크고 작은 일들에 대한 감정의 굴곡을 풀어낼 때에는 베토벤만한 곡이 없습니다. 하지만 더블린으로 온 후로는 이상하게도 모차르트를 듣고 있습니다.

요즘 사람들의 마음을 지배하는 특징은 삶의 속도가 너무 빠르다는 것과 너무나 드라마틱한 삶을 희망한다는 것이 아닐까요? 자신의 삶에 내적인 변화와 무르익음이 없다 보니, 결국 외부적인 요소를 통해서 삶의 변화를 꾀하려고 합니다. 정작, 내적인 성장과 공부는 소홀히 하면서 인생은 화려하고 속도감 있게 전개되기를 바라는 것이지요. 심지만 큰 초를 닮았다고나 할까요?

조금 서론이 길었지만 저는 1968년에 타계한 20세기 최고의 신학자 칼 바르트가 말한 '위대하고 자유로운 객관성'에 대해서 곰

곰이 묵상하며 크리스마스를 보냈습니다.

모차르트를 사랑했던 신학자 칼 바르트는 자신의 신학 속에도 모차르트의 선율이 울려 퍼지기를 원했던 것 같습니다.

> 모차르트의 음악에는 매우 특이한 자유로움이 있다. … 그의 음악에는 과장도 부딪침도 깨어짐도 없다. 태양이 눈부시게 빛나지만, 무엇을 태우거나 지치게 하거나 눈멀게 하지 않는다. 하늘이 지구를 감싸고 있지만, 지구를 억누르거나 삼켜 버리거나 부담을 주거나 하지 않는다. 어둠과 혼돈과 죽음과 지옥이 나타나지만, 단 한순간도 모든 것을 지배할 수는 없다. 모차르트는 어떤 신비한 '중심'으로부터 모든 것을 알고 음악을 만들기 때문에, 좌우상하의 한계를 알고 그 한계를 지켜 나갈 수 있다. … 어둠을 모르는 빛이 있을 수 없고, 슬픔을 모르는 기쁨이 있을 수 없다. 울음 없이는 웃음도 없고, 웃음 없이는 울음도 없다.

이렇듯 모차르트의 중심에서는 주변과의 조화가 돋보입니다. 오케스트라 구석에 있는 바순과 호른을 중심으로 불러내 주인공 삼아도 부담감이나 억지가 보이질 않으며, 악기와 악기가 주고받는 대화도 산만하지 않고 담백하며 좀처럼 중심을 잃지 않습니다. 많은 협주곡들이 자유로우면서도 객관적입니다. 클라리넷 협주곡

아다지오를 다시 한 번 들어보니, 늘 금관악기 소리에 묻히기 일쑤인 클라리넷의 선율은 마치 힘있는 백작으로부터 자신의 신부를 지키기 위해 애쓰던 피가로의 고뇌를 닮은 구석이 있습니다.

한 해의 마지막입니다. 우리의 중심은 어디로 향하고 있습니까? 칼 바르트는 모차르트 음악의 중심을 통해, 예수 그리스도야말로 우리의 중심이 되어야 한다고 말해 줍니다. 그리스도가 중심이 되면 여러분의 소망과 열심은 며칠 반짝하다 끝나지 않을 것입니다. 우리 영혼의 위로자되신 주님을 경험하는 것, 그래서 그 중심을 축으로 움직이는 것, 거기에 자유로움과 위대한 객관성이 있습니다. 위대함은 요란함에서 나오지 않습니다.

저기는 한국인 교회야

지난 목요일 저녁, 조안(Joan)과 비비안(Vivian) 아주머니 댁에 들렀습니다. 함께 사는 두 아주머니는 언제나 반갑게 맞이해 주십니다. 차와 쿠키를 나누며 오랜만에 마주 앉았습니다. 지난해 여름까지 함께 속회 모임에 참석하다가 학교 공부 때문에 중단한 후로 처음 방문입니다. 제가 방문한 이유는 금요일 성경공부를 새롭게 시작하기 위한 준비 때문입니다. 앞으로 금요일 성경공부 시간에 가끔씩 아일랜드인 교우나 다른 문화권의 그리스도인들을 한 명씩 초대해서 그들이 어떻게 믿음을 갖게 되었고, 그들에게 신앙은 무엇인지를 들어 보는 시간을 만들려고 합니다. 벌써 영국인 부부에게 기별을 했고, 아프리카에서 온 친구도 섭외 중입니다. 두 분을 찾아간 것도 같은 연유입니다.

두 분은 주로 저녁 시간에 무슨 얘길 할까 궁금해서 물으니 웃으면서 손가락으로 저를 가리킵니다. 그렇게 농담을 주고받을 정도로 친근감 있게 대해 주시면서도, 기도제목을 나눌 때는 진지해지는 두 아주머니. 그런데 그분들로부터 아주 재미있는 이야기를 들었습니다.

크리스마스를 앞둔 어느 추운 밤, 두 아주머니는 교회에 일이 있어 참석한 후에 교회 앞에 세워 둔 차를 향해 걸어가고 있었습니다. 그때 두 분 앞으로 걸어오는 어머니와 아들이 있었습니다.

"엄마! 저기 별 모양 트리 멋지지?"

아이는 아델라이드 교회 정면을 장식한 별을 보고 말한 것이지요. 그 다음 엄마의 입에서 나온 말이 걸작입니다.

"이 교회는 한국인 교회야. 이 근처에서 일하는 친구가 그러는데 한국인 교회래!"

이 말을 들은 두 아주머니는 한참을 웃었다고 합니다. "우리 교회가 너희들 때문에 유명해졌어. 분명 한국인 교회라고 하더라고" 하며 두 분은 웃습니다.

매주일 오후 한 시 무렵, 아시아 사람들로 보이는 청년들, 젊은 부부들, 학생들, 어린이들이 하나 둘 스티븐스 그린 공원 근처를 지나 교회로 옵니다. 하나하나의 점이 모여 그렇게 한 교회가 되었습니다. 우리가 교회로 발걸음을 할 때 그 거리를 지나는 아일랜드 사람들이 보고 있습니다. 저기가 한국인 교회라며 아마 한국 젊은이들은 신앙이 참 좋구나라고 생각하지 않을까요?

하나님도 바라보시고 좋았더라 하실 것입니다. 힘들어도 울지 않고, 현실의 벽에 마음을 닫지 않고 서로 기대어 위로하고 함께 서려는 대견함을 보시고 기뻐하실 것입니다. 예배 첫 시간을 여는 찬양이 좋아서 일부러 늦게까지 있다가 찬양을 듣고, 찬양 리더의 열렬한 팬이길 자청하시는 두 아주머니. 교회 건물의 주인이 누구면 어떻습니까? 한국어 찬양이 울려 퍼지는 날까지는 한국인 교회입니다.

우표 한 장

지난 크리스마스 길목에서 〈아이리시 타임스 *Irish Times*〉를 보다 순간 놀라지 않을 수 없었습니다.

2007년 11월 아일랜드 우체국은 찰스 웨슬리 탄생 300주년을 기념하기 위해 78센트 우표를 발행했다.

제가 놀란 것은 그 인물이 아일랜드인이 아니라 영국인이기 때문입니다. 우리나라 사람들이 일본 사람을 싫어하는 것만큼이나 아일랜드 사람들도 영국 사람에 대한 반감이 높습니다. 그런데 아일랜드 우체국에서 영국인의 얼굴이 담긴 우표를 발행했습니다. 그의 이름은 수많은 찬송가를 작곡하고 작사한 영국이 낳은 위대한 교회 음악가, 찰스 웨슬리(Charles Wesley)입니다. 크리스마스에 가장 많이 부르는 캐럴로 선정된 곡, 〈Hark! the Herald angels sing〉이라는 불후의 명곡을 만든 사람이 바로 찰스 웨슬리입니다. 지난해는 찰스 웨슬리 탄생 300주년을 기념하는 음악제가 세계 여러 곳에서 열렸습니다. 감리교 창시자인 그의 형 존 웨슬리(John Wesley)와 더불어 아일랜드를 42번이나 방문했다는 기록이 있습니다.

비록 찰스 웨슬리가 영국 개신교 작곡가이지만, 그의 찬송가는 교회음악사에 많은 영향을 주었고 아일랜드 찬송가에도 그가 작곡한 많은 곡이 들어 있습니다. 음악은 그렇게 국경과 이념과 갈등을 초월하는 힘이 있다는 것을 새삼 깨달았습니다. 역시 한 음악하는 아일랜드 사람들, 음악의 대가 앞에서는 갈등을 초월해서 기념하고 축하할 줄 아는 성숙함이 있습니다.

그런데 이 일을 저 혼자만 기억하는 줄 알았는데, 며칠 전 딸아이와 같은 반인 오웬이라는 영국 아이의 엄마가 이 우표 얘기를 하는 것입니다. 방과 후 가끔 아이를 데리러 학교에 갈 때면 반갑게 인사를 나누는 몇몇 아주머니 중에 한 분입니다.

"나는 깜짝 놀랐어. 아일랜드에서 영국 사람의 초상화가 담긴 우표를 발행하다니 말이야! 이 우표를 사서 런던으로 보내는 크리스마스카드에 부쳤어."

저도 한마디 거들었습니다.

"정작 영국은 조용한데 아일랜드가 그의 음악을 인정해 준 것

아닐까!"

그에게 음악은 마침표가 아니고 삶의 단단한 마디였을 것입니다. "하나님은 그의 일꾼을 묻으시지만, 계속 그분의 일을 하신다."

찰스 웨슬리 묘비에 적힌 글귀입니다. 그는 진정한 시인이요 음악가요 설교자이면서 신학자였습니다. 78센트의 아일랜드 우표를 크리스마스카드에 붙이는 것! 더블린에서 맞이한 세 번째 크리스마스에 경험한 작은 감동입니다.

1752년부터 1787년까지 무려 42번, 이틀 밤낮이 걸리는 험한 뱃길을 헤치며 더블린(Dublin), 코크(Cork), 웩스포드(Wexford)에 찾아와 시장에서 골목에서 동생 찰스가 만든 찬송가를 노래하고 설교했던 존 웨슬리 목사! 당시 개종한 15,000여 명의 교인들은 훗날 아일랜드 곳곳에 그리고 식민지 미국에서 이민자 교회의 귀한 반석 역할을 했다고 합니다.

토마스 엔진을 보며

사랑하는 크리스토퍼! 네 친구를 소개할게. 토마스 기관차야. 토마스는 지금 정류장을 벗어나 달려 나가 세상을 보고 싶어한단다. 토마스가 무엇을 했는지 이 이야기가 말해 줄 거야. 네가 그 친구들을 만들도록 아빠를 도와주었기 때문에 너도 분명 토마스와 친구들을 좋아하게 될 거야. 사랑하는 아빠가

이 편지는 1943년 영국의 윌버트 오드리(W. Awdry) 목사가 홍역을 앓고 있는 아들을 위해 동화 한 토막을 쓰고 덧붙인 서문입니다. 빨리 회복해서 꼬마 기관차 토마스처럼 세상을 보러 가자는 아버지의 깊은 사랑이 느껴집니다. 아픈 아들을 위해 만든 정성과 사랑의 기도 덕분이었을까요? 지금까지도 이 동화는 영국뿐만 아니라 전 세계 사람들에게 사랑받는 《토마스와 친구들》입니다.

소도! 이 작은 섬 안을 두루 연결해 주는 증기기관차 토마스와 친구 기관차들은 아름다운 섬나라 사람들을 위해 없어서는 안 될 소통의 중재자들입니다. 증기를 내뿜는 토마스 엔진과 토마스의 친구들은 각자 다른 개성을 가지고 좌충우돌하면서도 동행을 배웁니다.

가끔 장난감 가게에 전시된 원형궤도와 모형 기관차를 보면, 동심의 추억이 사무치게 몰려와, 와락 달려들어 한판 신나게 달리는 모형 기관차에 볼을 부비고 싶은 마음이 일어납니다.

어린 시절 처음 기차를 타던 때가 생각납니다. 서울역 역사보다도 유년의 나를 압도하던 열차의 엔진 소리와 경건한 마음마저 갖게 해주었던 출발 전의 엄숙한 경적 소리. 물론 용산역을 빠져 나가기 전에 주전부리에 마음을 빼앗기긴 했지만 이윽고 수원역을 지나 너른 대지를 내달릴 때 느껴지는 기관차의 역동감. 그리고 선로의 연결 부위를 지날 때마다 덜커덩거리는 소리가 아득한 나그네의 설렘과 낭만을 불러일으키노라면, 문득 손에 든 삶은 계란을 내려놓고 들판을 걷고 싶은 소년기의 모험에 대한 충동.

아픈 아들이 건강해지길 간절히 바라며 토마스 엔진 이야기를 쓴 아버지를 생각하니 다산 정약용의 편지가 떠오릅니다. 경춘선을 자주 타고 다니던 시절, 이따금 찾아가 산보를 하던 양수리의 다산 생가.

3대까지 관직 진출이 막혀서 희망조차 없던 두 아들을 다그치

는 다산의 편지, 그 첫마디가 너무나 매서워 읽으면서도 주춤거렸
지요. 다산 생가 모퉁이에는 다산이 강진 유배지에서 양수리에 살
고 있는 두 아들에게 보낸 편지가 새겨진 기념비가 있습니다.

벼슬하는 집안의 자제로서 듣고 본 바도 있는데다, 중간에 재난
을 당해 불우한 처지에 있는 너희들 같은 젊은이만이 진정 학문
하기에 마땅하니라.

1943년 어린 아들의 병상에서 아버지의 간절한 기도 끝에 탄생
한 《토마스와 친구들》이야기. 200여 년 전 폐족된 장성한 두 아
들에게 골 깊은 훈계로 출세를 위한 공부가 아니라, 진정한 학문
의 길을 독려한 다산. 토마스를 보면서 자꾸 다산이 떠오르는 저
녁입니다.

첫 운동회, 달려라 하니

이불 속에서 빠져 나오지 않으려고 안간힘을 쓰던 평소와는 달리, 딸아이는 비장한 각오로 아침잠을 설치며 일찍 일어납니다. 바로 체육복을 입고 아침부터 달리기 연습에 열을 올립니다. 공항에 나간 아버지는 10시 넘어서야 돌아오지만 잠시도 긴장을 풀 수 없습니다. 엄마의 채근에 아침밥도 든든히 먹고, 〈달려라 하니〉의 하니가 신었던 컨버스화와 가장 비슷하다며 집 근처 신발 가게에서 구입한 운동화 끈을 질끈 동여매는 율이.

곧이어 운동장에 도착한 아버지와 딸은 동생과 엄마의 응원을 받으며 결전의 장소로 향합니다. 푸른 잔디밭에서 펼쳐지는 아이의 첫 운동회. 넓은 잔디밭은 달리기 경기장으로, 한쪽은 주차장으로 변했습니다. 잔뜩 긴장한 것은 토미 장로님도 샘 목사님 가족도 마찬가지입니다. 오늘 가장 막내 반은 세 가지 달리기 경주가 있습니다. 맨손 달리기와 두 가지 변형 장애물 달리기입니다.

하니와 비슷한 복장을 한 율이 곁에는 수많은 롱다리 나애리들로 가득합니다. 여자아이들 중에 가장 다리가 길어서 나애리처럼 보이는 니콜, 단발머리의 다부진 아비가일, 등굣길 아침이면 씩씩거리며 속도를 내는 아버지 덕에 가장 빠른 보폭을 자랑하는 캐서린, 느려 보이지만 가장 탄탄한 체력으로 한두 살은 더 많아 보이는 지구력의 엠마. 아무리 탐색해 보아도 어느 누구 하나 만만하질 않아, 박 감독은 전략회의를 한 후에 하니에게 한국인 특유의 헝그리 정신과 투지를 요구합니다.

가장 중요한 첫 번째 경기. 실전 경험이 없는 주니어들에게 생애 첫 경기이기에 자신감과 사기 면에서 결코 간과할 수 없는 역사적인 순간이지요. 박 감독은 딸의 첫 공식 데뷔전을 맞이하면서 어린 시절 첫 운동회의 추억이 밀려오는 것을 참아야 했습니다. '그때 아버지가 사주신 새 운동화가 벗겨지지만 않았어도…' 그 시절의 아쉬움이 시공을 초월하여 아일랜드까지 몰려왔지요.

"하니! 네 라인에서 벗어나면 안 된다. 저 뒤에서 엄마가 너를 향해 팔을 벌리고 있는 거야. 너는 가서 엄마 팔에 안기면 돼. 자! 가거라. 나의 딸 하니, 나도 너와 함께 달리겠노라."

딸에게 준 멘트에 스스로 흡족해 하는 박 감독, 하지만 출발선에 선 학부모들 사이로 팽팽한 긴장감이 감돕니다. 드디어 출발, 휘슬 소리와 함께 맨손 달리기 출발! 그런데 이게 웬일입니까? 그만 출발이 가장 늦었네요. 5등 아니 꼴찌, 하지만 여기서 그만둘 수는 없는 법! 이제 남은 것은 정공법! 속도로 속도를 잡는 맞불 작전. 조금씩 속도를 내는 한국의 하니 선수.

엠마! 네가 오늘은 상당히 늦구나. 고맙다. 10미터 통과시 4등, 15미터 지점, 힘겹게 아비가일을 제치다. 20미터 통과시 하니가 캐서린을 간발에 차이로 앞서다. 이때 잠시 제 속도에 휘청이는 하니, 다시 주법을 바로 잡고 하나 남은 롱다리 나애리를 따라 잡으려… 25미터 이제 간발의 차이. 결승선 주변에 가득한 학부모들 여율이의 스피드에 놀라며 탄성을 지르다 팬으로 돌변하는 순간! 이제 남은 5미터 결승선, 흰줄을 잡고 있던 휴의 엄마마저 여율이를 향해 주먹을 불끈 쥐는 순간. 우리의 하니, 마침내 간발의 차이로 나애리 니콜을 제치고 1등!

# 동산에 올랐던 영국 남자 산에서 내려오다

〈동산에 올랐던 영국 남자 산에서 내려오다 The Englishman who went up a hill but came down a Mountain〉

이 정도면 영화 제목으로는 제법 길고 유난 맞은 편이지요. 제목이 참 재미있는 영화입니다. 영국 남자가 올라갈 때는 분명 언덕이었는데 내려올 때는 산에서 내려왔다는 것이지요. 언덕(hill)이 산(mountain)으로 바뀐 것입니다. 영화 제목에는 영국 남자라는 단어가 돋보이지만 실은 웨일즈 사람들 이야기입니다.

피농가루(Ffynnon Garw). 산이 되기 위한 높이인 1000피트에서 20피트를 뺀 980피트. 2차 대전 당시 영국에서는 1000피트가 넘어야 산이라고 지도에 표기했다고 합니다. 웨일즈의 한적한 마을, 그곳 주민들이 신성시 하며 자랑으로 여긴 피농가루를 측량하러 영국인 측량사가 오면서 영화는 시작됩니다. 그런데 막상 웨일즈 지역의 지도를 만들기 위해 측량사가 피농가루를 측량해 보니 산의 높이인 1000피트에서 20피트가 모자랐습니다. 결국 웨일즈 마을의 자존심인 피농가루는 더 이상 산이 아니라 언덕으로 기록될 운명에 처해집니다.

이때 은퇴를 앞둔 마을 교회의 목사님이 며칠 동안 영국인 측량사를 붙잡기 위해 안간힘을 썼고, 그렇게 마을 사람들이 단합하여 20피트의 산봉우리를 만들기 위한 대역사에 동원됩니다. 고생하여 14피트의 높이를 쌓았는데 간밤에 내린 비로 무너지고 다시 20피트를 높이는 일에 성공하여 피농가루 언덕은 드디어 산으로 기재되었다는 실화를 바탕으로 한 영화입니다.

예전에 고향집 근처 과수원 마을에 고시공부를 하던 얼굴이 핼쑥한 어떤 형님이 있었습니다. 예배당에도 잘 나오셨고, 가끔 초등학생이던 저에게 수학문제를 풀어 보라며 어려운 문제를 내주기도 했습니다. 마을 어른들도 무시 못하는 나이든 고시생의 카리스마는 어린 저에게 작은 여운을 주었지만, 결국 몇 번의 실패를 거듭하고 쓸쓸히 마을을 떠났습니다. 산이 되지 못했지만 산에 다다랐던 언덕으로…….

영화는 논외로 하더라도 사실 산이 되지 못한 언덕이 어디 피농가루뿐입니까? 주변 사람들을 둘러보면 자신의 꿈을 향해 거의 다 올라가서 겨우 15피트 남겨두고 주저앉는 경우가 얼마나 많은지요. 980피트에 다다라서 멈추어 버린 피농가루 산. 저는 가끔 더블린이라는 언덕에 올라서 반전을 꿈꾸는 젊은이들을 만납니다. 그리고 그들이 더블린이라는 작은 언덕에 올랐다가 유럽이라는 큰 산에서 내려오길 희망합니다. 유럽의 변방 피농가루의 작은 언덕 같은 소박한 도시 더블린, 이곳에 갔다가 돌아올 때는 큰 사람으로 돌아오길 기다리는 여러분의 소중한 사람들을 기억합시다.

두 해 전에 찾아갔던 겟세마네 동산, 저는 그곳을 잊지 못합니다. 예루살렘 성벽 동문을 코앞에 두고 저만치 떨어진 언덕, 무성한 올리브나무 틈에 엎드려 예수 그리스도는 밤새 기도했을 것입니다. 동산이라고 하기에는 보잘것없는 작은 언덕, 그곳에 오르셨던 청년 예수는 새벽이슬을 헤치며 인간들이 오르지 못한 큰 산이 되었고, 그 산에서부터 우리 앞으로 내려와 가만히 당신의 두 뺨과 두 손을 유다에게 내어 주셨지요.

늦은 밤 그랜드 캐니언에서 온 전화

막 잠을 청하려는데 전화가 왔습니다. 더블린에서 이렇게 늦은 시간에 전화받는 일이 많지 않아 전화기에 찍힌 번호를 확인하니, 미국에서 온 전화입니다. 이제 막 호피 인디언 선교를 위해 애리조나 사막 끝 그랜드 캐니언 근처 어딘가에 도착한 친구 목사의 목소리가 대서양을 건너 들려옵니다. 우리는 대학과 대학원을 함께 다닌 단짝 친구입니다. 대학 때에는 함께 지리산 산장에서 머물며 여행을 했고, 여름방학이면 둘만의 독서 기간을 정해 책을 탐독하며 토론을 즐기기도 했지요. 독일어 공부도 서로 경쟁하며 함께했으며, 가장 훌륭한 도서 파트너요, 신학 함에 좋은 길벗이 되어준 친구입니다.

첫 목회도 비슷합니다. 저는 강원도 민통선 근처 산골로, 그는 조령을 넘나드는 관문인 문경 산골로 그 지역에서도 외진 마을 교회의 담임자로 첫 목회를 시작했습니다. 대학원 시절에는 주로 신학공부와 독서에 몰두했다면 산골 목회자가 되어서는 서로 기도하며 바른 목회, 바른 선교가 무엇인지에 대해서 깊이 고민하고 격려했지요. 첫 목회지에서 3년 만에 목사 안수를 받고 힘든 산골 목회지를 떠나 친구들이 하나둘 도시로 갈 때, 우리는 그 자리를 차마 떠나지 못했습니다. 목사 안수를 받자마자 도시로 가는 것은 목회자의 도리가 아니라며 자리를 지켰지요. 어느 추운 겨울 새벽, 미국 신학대학원 지원 원서를 예배당 난로에 태워 버리고 작지만 예배당을 짓겠노라 마음먹을 수 있었던 것은 든든한 이 친구가 있었기 때문입니다.

2005년 늦은 성탄절 전야, 제가 목회하던 교회가 마침내 새 예배당을 완공해 입주했고, 꼼꼼한 그는 2006년에 예배당을 완공했습니다. 그는 그렇게 목회의 좋은 길벗이 되어 주었습니다. 제가 더블린으로 떠날 무렵 그도 선교사가 되기 위한 준비를 시작했습니다. 그리고 잊혀져 가는 애리조나 사막 호피 인디언 보호구역의 선교사가 되었습니다.

20년 전 어린 저를 사랑과 기도로 가르쳐 주신 같은 마을 고모님 댁 사촌누님을 브라질 빈민촌 선교지로 떠나보내며 울었던 제가, 이제는 사랑하는 친구를 호피 인디언들에게 보냈습니다. 더블린 행을 결정하고 홀로 떠나올 무렵, 브라질 빈민촌에서 평생을 독신으로 사시며 아이들을 돌보시는 사촌누님이 어머니를 통해 보내오신 편지와 그 안에 담긴 백 달러를 받아 들고 눈에 고이는 눈물을 억지로 참았습니다.

"가르치려 하지 말고 배우려 해라. 말씀을 전하려 하지 말고 말씀대로 살아라."

그 오랜 세월을 브라질 빈민촌에서 헌신하고 다시 아프리카 어느 나라로 떠나시며 사촌누이 선교사님이 저에게 주신 화두입니다. 반가운 친구의 목소리와 백인에 의해 정체성마저 말살당한 슬픈 인디언들이 떠오릅니다.

"아주 좋아! 인디언들이 나를 좋아하네."

늦은 밤 그랜드 캐니언에서 온 전화를 받으며 친구와 함께할 하나님의 평화를 구합니다.

임 떠나시는 날

　많은 교우들을 고국으로 떠나보냈고 앞으로도 그래야 하건만 여전히 쉽지 않은 이별입니다. 손주들 뒷바라지를 위해 오신 동영이 외할머니! 내일이면 고국으로 돌아가실 여든이 넘으신 어르신은 끝내 눈물을 보이셨고, 저 역시 속 깊은 사랑에 마음이 뜨거워졌습니다. 굽은 허리에 모진 세월을 동행하느라 거칠어진 백발, 그리고 마주 잡는 이의 손을 부끄럽게 하는 투박한 거친 마디의 손으로 제 마음결을 쓸어 주신 아름다운 분입니다. 우리가 할머니라고 부르는 그 이름에 담긴 어머니의 어머니라는 너른 품!

　마지막 방문을 예상하셨는지 할머니는 당신의 키보다 높은 조리대에서 닭백숙을 준비했습니다. 마치 화천을 떠나기 며칠 전, 먼 길 떠날 저에게 정성껏 기르던 닭의 목을 비틀어 백숙에 소금 종지를 올리셨던 지혜 할머니처럼……. 더블린에서는 결코 맛볼 수 없는 할머니의 정성이 담긴 그윽한 맛! 내 너의 고통을 다 아신다는 주님의 미소를 보여 주시면서도 연실 흐르는 눈물로 젊은 목사의 손을 꼭 잡아 주시던 동영이 외할머니.

"목사님, 내 다 알아요. 많이 힘들지요. 내 새벽마다 기도할게요."

깊은 주름에 묻어나는 지혜와 위로로 우리 부부는 백숙을 먹으며 눈물을 삼켜야 했습니다. 할머니의 솜씨와 마늘로 우러난 백숙 국물의 그 깔끔하고 시원한 맛!

식사를 마칠 무렵, 할머니는 따님이 잠시 자리를 비운 사이, 고쟁이 춤에서 비닐을 꺼내어 식탁 위로 수줍게 내밉니다.

"목사님! 제가 하영이 선생님에게 인사도 제대로 못해서 마음에 걸려요. 이거 시장가면 닭 한 마리는 살 수 있을 긴데 하영이 선생님께 꼭 좀 사다가 전해 주이소."

손녀의 등굣길에 만나면 살갑게 할머니를 반겨 주셨다는 선생님 까지 챙기십니다.

"내가 이러면 안 되는데, 아무리 바빠도 하영이 선생님께 인사는 드려야 하는데……."

연신 당신의 도리를 다하지 못함에 스스로를 질타하십니다. 타향이라는 이유로 만나는 사람들에게는 무관심하면서도 정작 자신이 고국으로 돌아갈 때에는 누군가에게 멋진 작별인사를 받고 싶어 하는 우리와는 너무나 다르신 할머니. 말 한마디 쉽게 통하지 않았건만 우리가 잃어버리고 살아가는 스스로의 자존과 상대방에 대한 존엄을 먼 타향에서 보여 주셨던 할머니.

"저희 큰 애도 목삽니다. 아들이 목사면 그 어미는 길 가다 교회 십자가만 보아도 눈물이……. 제 몸보다 더 큰 십자가가 아들 등에 걸렸는데 어미가 잠인들 편히 자겠습니꺼?"

환갑이 가까운 목사님도 어미 품에선 제 몸보다 더 큰 십자가를 진 아이일 뿐입니다. 주일이면 잊지 않으시고 다가와 제 손을 꼭 잡아 주시고 눈물을 글썽이며 사랑과 신뢰의 눈빛과 위로를 주셨던 어르신. 돌아서는 그 가녀린 등과 주름과 미소에 주님의 미소가 나란히 포개어집니다.

아버지의 정원

봄이면 고향집 마당이 그야말로 꽃 천지입니다. 겨우내 거실에서 웅크리고 있었던 아버지의 화분들이 모두 화단 옆 양지바른 안뜰로 이사 나오고, 며칠 후에는 제각각 꽃을 내고, 꽁꽁 얼어붙었던 화단에서는 이에 질세라 새순과 가지들이 앞 다투어 소란을 피웁니다. 수국이 탐스럽게 피고 장미 넝쿨이 마당 모퉁이 대문을 따라 가지를 뻗고, 매화나무, 목련이 포도나무 담장을 따라 꽃망울을 터뜨리던 고향집을 생각하면 아리도록 푸르른 봄내음이 이내 가슴속에 퍼지던 날들을 고스란히 기억 속에서 일으켜 세워 줍니다.

난과 화초를 좋아하신 나의 젊은 아버지. 어느 날 외할머니가 귀하게 가져온 상사화를 아버지는 잘 키워 내셨고, 외할머니는 옮겨심기 까다로운 상사화를 살려 낸 사위가 대견했나 봅니다. 무뚝뚝한 사위와 장모의 유일한 의사소통의 수단이 바로 마당에 자라는 꽃과 화초들입니다. 더욱 신이 나신 외할머니는 오실 때마다 새로운 꽃씨와 모종을 가져오셨습니다. 그러면 아버지는 화초 모종을 정성스럽게 잘 키워 화답했지요. 외할머니도 아버지의 솜씨를 늘 칭찬하셨습니다.

"내가 사위가 많아도 박 서방이 제일 찬찬하다. 참 찬찬해."

당신 앞에 저희 남매를 앉혀 놓고 외할머니는 아버지가 들으라고 어깨 너머로 말씀하셨습니다.

가끔 가는 큰아버지 댁과 이모부 댁 거실에는 분재가 있었습니다. 어린 눈에 분재는 참 신기했습니다. 마치 큰 소나무를 그대로 축소해 놓은 것 같았습니다. 그래서 아버지에게 왜 우리는 저 분재를 키우지 않느냐고 물었습니다.

"분재는 말이다. 일본 사람들이 만든 것인데 신기한 기술 같지만, 사실 그렇지 않다. 저것은 나무의 허리와 뿌리가 연결되는 곳을 잘라 버리는 것이란다."

아버지의 말씀에 어린 저는 적지 않게 놀랐습니다. 줄기와 뿌리를 연결하는 중심을 잘라내는 것이 바로 일본의 분재입니다. 잘린 상처 부위에서 자라난 작은 실뿌리들로 겨우 숨만 유지하는 것이지요. 가혹한 형벌이 아닐 수 없습니다.

생각해 보면, 대지에 발을 딛고 농사를 지으며 살아오신 아버지에게 분재란 어쩌면 학대와도 같은 것입니다. 참 농부는 농작물의 숨소리를 들으며 들판을 거닌다고 하는데 어찌 화분에 가두어 두기 위해서 나무의 허리와 다리를 끊을 수 있겠습니까? 그 많던 봄꽃 가운데 아버지와 외할머니의 꽃밭에는 상사화가 고운 자태로 피었습니다. 잎보다 꽃이 먼저 피고, 꽃잎이 진 후에야 잎이 자라 서로 대면하지 못해서 상사화라 불렀다지요. 며칠 전에 아버지의 전화를 받았습니다.

"힘들지, 그래도 잘 하고 있어라."

머뭇거리던 저는 물었습니다.

"그런데 아버지, 꽃밭에 상사화 잘 자라지요?"

"그래, 너희 외할머니가 참 좋아하셨지……."

고장 난 차 안에서 만난 사람

　고장 난 차 안에서 어떤 사람을 만났습니다. 더블린에서 운전을 하게 된 첫 겨울, 한 학생의 이삿짐을 옮겨 주고 돌아오던 길이었습니다. 북쪽 시가지 한 모퉁이에서 갑자기 차가 서 버렸습니다. 기어가 들어가지 않는 차를 겨우겨우 길가에 세우고 어찌할 바를 몰랐습니다. 일단 보험회사에 신고는 했으나 초행 길이라 위치를 알려주기도 쉽지 않았고 2시간 이상을 기다려야 한다는 말에 참 난감했습니다.

　"차가 고장났는데 견인차가 오려면 2시간이 걸린다니 먼저 자요."

　집에 전화를 하고 이젠 견인차 기다릴 일만 남았습니다.

　다행히 시동은 걸려 히터를 틀고 라디오를 들으며 앉아 있었습니다. 편의점에서 뽑아온 커피 한 잔으로 2시간을 버티기가 여간 무료한 것이 아니었습니다. 라디오에서는 연말이라 그런지 귀에

익은 아일랜드 가수들의 목소리가 자주 나옵니다. 대부분 틴 휘슬로 시작되는 전통 아일랜드 곡과 영화 〈원스〉에서 길거리 가수가 부르던 구슬픈 사랑 노래 〈Falling slowly〉. 한참이 지난 것 같아 시계를 보니 겨우 한 시간 지났습니다.

고장 난 차에 대한 원망과 화를 큰 한숨으로 내쉬며 채널을 FM 96.7로 맞추었습니다. 주로 성악가들의 노래가 흘러나올 무렵. 스타 발굴 프로그램인 브리튼즈 갓 탤런트(Britain's Got Talent)에서 우승한 서른여섯의 휴대전화 외판원 폴 포츠(Paul Potts)의 목소리가 흘러나왔습니다. 그의 목소리는 뭐랄까, 팝이나 소프트 락이 어울릴 것 같은 더블린의 겨울밤, 고장 난 차 안에서 들어도 넉넉한 오페라 가수의 목소리, 그런 느낌이었습니다. 그런 불평의 계절에 폴 포츠를 만났습니다.

고장 난 차에서 만난 사람 폴 포츠. 돌아와 유투브에서 찾아본 그의 오디션 장면은 참 인상적이었습니다. 웨일즈 남부에서 올라온 자신감 없어 보이는 다소 뚱뚱한 사나이. 부러진 앞니, 실적이 높지 않은 평범한 휴대전화 외판원. 꿈과는 멀어져 버린 서른여섯의 어설퍼 보이는 사내. 무얼 준비했느냐 묻는 심사위원의 말에 "오페라 부르려고"라고 무뚝뚝하게 대답할 때만 해도 객석과 심사위원은 시큰둥했습니다. 그의 얼굴에 묻어나던 수줍음이 오케스트라가 아닌 CD에 녹음된 음원에 맞추어 토해 내던 절제된 맑은 고음. 온 세상을 향해 포효하던 목소리. 휴대전화를 팔고 돌아와 홀로 거닐며 만들어진 그의 목소리는 웨일즈의 바다 내음과 들판의 넉넉함을 닮았습니다.

투박한 외모로 가리고 숨겨도 드러날 수 밖에 없었던 그의 목소리처럼, 소박하고 작은 수도 더블린에서 맑은 밤하늘의 별들이 어두운 골목 위로 유유히 빛나고 있습니다. 2시간 만에 찾아온 중년의 견인차 기사는 내 미소의 의미를 아는지 모르는지 노랫말을 흥얼거리며 밤을 달립니다.

요즘 젊은이들

주일학교 어린이의 한 어머니가 이런 얘기를 들려줍니다.

"목사님, 얼마 전에 한 청년이 어린이들 간식이라며 초콜릿을 가져왔어요. 그런데 그 청년 마음씨만 좋은 게 아니라 얼굴도 아주 잘 생겼어요."

청년의 따뜻한 마음을 받아서 다시 전해 주신 그분의 말에서 묻어나는 흐뭇한 미소와 감동도 좋았습니다.

"그런 마음을 가졌으니 더 대견하고 잘 생겨 보였겠지요."

저도 기뻐 대답했습니다. 그분은 자주 교우들이 행하는 작은 일들을 큰 기쁨으로 찾고, 그것을 다시 기쁘게 전해 주는 넉넉한 마음을 가졌습니다. 이런 일을 봐도 눈여겨 보지 못할 수 있고, 그것을 본 자신의 마음에 잔잔한 결이 없다면 아름답고 흐뭇하게 기억하지 못할 것입니다.

여러 해 전에 그 청년도 일찍 유학을 와서 한국에서 온 친구나 사람들에게 상처받은 적이 있다는 얘기를 털어놓은 적이 있습니다. 어색하게 교회를 찾아왔던 그가 기억납니다. 판단하지 않으려고 무던히 애쓰던 그때의 모습을요. 그는 상처 때문에 마음의 문을 닫으려 했던 것을 넘어서려고 노력했습니다.

시간이 가면서 그는 오히려 힘들었던 경험 때문에 더욱 성숙해졌습니다. 그는 그렇게 자신의 삶이 처해진 상황을 진지하게 살피고 그 시선을 사람에 대한 신뢰와 믿음으로 조금씩 변화시켜 가고 있습니다. 더블린에서 필요한 각종 정보나 어학 연수생들에게 꼭 필요한 정보를 물어도 싫은 내색하지 않고, 여전히 대가를 바라지 않고 열심히 도움을 주는 그의 열정적인 모습을 보면서 참 기쁘고 마음이 든든합니다.

얼마 전에는 슬라이고에서 갑자기 잠시 다니러 온 후배를 위해 호스텔을 찾느라 애쓰던 그의 전화를 받은 적이 있습니다. 가격과 위치가 좋은 호스텔을 발견하면 교회 청년들을 위해 요긴한 정보를 알려 주었습니다. 그는 참 멋진 놈이 되어 가고 있습니다.

많은 사람들이 시대를 걱정하며 "요즘 젊은이들…, 요즘 젊은것들…" 하고 염려하지만, 감정적으로 나가기 쉬운 말일 뿐이지요. 저는 그렇게 믿습니다. '요즘 젊은이를 어떻게 보느냐'에 따라서 그들은 달라진다고 말이지요. 젊은이를 어리게만 바라보지 말고, 존중하면 그들은 어른 이상의 역할을 한다고 말하고 싶습니다. 저는 그런 젊은이의 가능성을 열어 주고, 격려해 주고, 위로해 주는 것이 더블린에 교회를 세우면서 가진 한 가지 소망입니다.

가끔 청년들이 말합니다.

"목사님, 말씀 낮추세요. 부담스러워요."

저도 처음에는 그랬습니다. 부대장의 부탁을 받아 어떤 관심 사병을 만났을 때의 일입니다. 한 달 동안 침묵으로만 일관하던 그는, 며칠 동안 계속되는 저의 존칭에 눈물을 쏟으며 흐느껴 울었습니다.

"군대 와서 처음으로 목사님께 사람대접을 받았어요."

그는 문제 사병이 아니었습니다. 자신을 사람답게 바라보아 줄 시선이 필요했던 것입니다. 그것뿐입니다.

붓을 내려놓으며

 새천년의 들뜬 분위기가 한껏 고조되었던 서울을 뒤로하고 2000년 1월 첫 주일, 강원도 작은 산골 교회로 부임하면서 쓰기 시작한 목회 단상이 어느덧 2009년 마지막 주일인 오늘까지 10년을 채우게 되었습니다. 목회 단상은 첫 목회를 시작하면서 실수를 줄이기 위해 스스로를 돌아보려는 작은 다짐이었습니다. 목회의 성실함에 대한 각고(刻苦)의 방편으로 생각하고 쉬지 않고 글을 썼습니다. 그런데 이제 10년간의 목회 일기를 잠시 멈추려고 합니다. 붓을 들었으면 때로는 내려놓을 때도 있어야 하는 법!

 서도(書道)에 비유해도 10년이면 글자에 생명을 불어 넣는 달필은 아닐지라도, 겨우 졸렬(拙劣)함을 반성하는 습관을 갖추고 필방(筆房)의 문턱을 넘나드는 수준에는 이르렀다 할 수 있을까요? 추운 겨울 장갑 낀 손으로 펜을 잡고 입김을 불며 글을 써내려간 닥터 지바고만큼은 아닐지라도, 차가운 감옥 벽에 기대어 혼신의 힘으로 필기했던 바울의 붓 끝은 아닐지라도, 지난 10여 년 목회 단상을 쓰던 장소들이 스쳐갑니다. 장맛비가 새던 허름한 산골 서재에서, 눈 내리는 들판을 바라보며 예배당 난롯가에 앉아서, 추수가 끝난 들판에 서서 글을 다듬기도 했지요. 위스콘신(Wisconsin)의 드넓은 시골에 잠시 머물며 사슴 떼를 보며 글을 쓰기도 했고, 캄보디아의 정글에서 몽키 바나나를 먹으며 슬픈 열대의 일기를 쓰기도 했고, 더블린에서 처음 구했던 값비싼(?) 월세 집에서, 더블린한인교회 첫 주보를 시작으로 그라프턴 스트리트(Grafton Street)가 내려다보이는 카페에서, 그리고 예이츠가 뛰어 놀던 드럼클리프의 교회 마당에서 쓰기도 했습니다. 찬사와 무시를 함께 받았지만 그래도 소중한 삶의 습관이었기에 저에게는 사유의 산고 끝에 얻은 작은 생명으로 느껴집니다.

본디 글은 쓰려고 하면 누구나 다 할 수 있는 것이지만, 무릇 작가란 그 쓰기의 고단함과 기쁨도 넘어서야 하며, 동시에 읽는 이들의 평가를 넘어서는 기쁨과 고통의 긴장을 유지해야만, 비로소 자신의 필력을 만들어 나갈 수 있습니다.

며칠 전 아이와 동화책을 보러 서점에 갔습니다. 1995년 노벨문학상 수상자인 아일랜드 시인 셰이머스 히니(Seamus Heaney)의 인터뷰를 400여 페이지로 엮은 특별한 책 《디딤돌 *Stepping Stones*》을 샀습니다. 이 책을 살펴보다가, 문득 한두 해 정도는 목회 단상을 멈추어야겠다는 생각이 들었습니다. 어쩌면 10년 만의 멈춤이 제가 구입한 책의 제목처럼 디딤돌이 될 수도 있겠다는 소망을 가져봅니다.

이 목회 일기에 단골 필객(筆客)으로 참여했던 6학년 지혜는 벌써 국문학과 졸업반이 되었습니다. 다른 이십여 명의 글을 주보에 함께 게재하기도 했습니다. 화려한 주보보다는 깨끗한 디자인을 고수했으며 명조체와 돋움체만의 간결함을 첫사랑처럼 간직해 왔습니다. 어떤 의사는 이 부족한 글로 환자들과 대화를 이어갔다고 하니 아주 쓸모없는 글은 아닌 듯해서, 다시 붓을 들 때는 더 깊은 사유와 고요로 돌아오겠습니다.

※ 2010년부터 박사과정 논문을 쓰는 일에 집중하기 위해 10년간의 글쓰기를 잠시 내려놓으려 2009년 마지막 주일에 쓴 글.

아주 오래된 프라하의 연인

프라하 공항에 저를 마중 나온 분들은 연로하신 목사님 내외분이셨습니다. 자녀들이 자그마치 일곱이고 손주들이 열하고도 아홉이 더 있는 노부부! 프라하에서 태어나고 이곳에서 줄곧 목회자로 헌신하신, 러시아 푸틴 대통령과 이름이 같은 블라디미르 목사님. 넉넉한 풍채와 잘 어울리는 안경 너머로의 따스한 시선. 때때로 선한 사람들의 특징은 마음이 행동보다 앞서 가기에 어색함을 더할 때가 있지요. 다가와 손을 덥석 잡으시더니 저의 여행 가방을 핸드백 들듯 흔들며 저만치 앞서 성큼성큼 걸어가시는 훈훈한 남자. 체코의 국민차 스코다(Skoda)! 구형이지만 엄청난 속력입니다. 동유럽 첫 번째 방문지, 프라하 여행은 이분들의 훈훈함으로 시작되었습니다.

카프카가 평일에는 은행원으로, 저녁이 되면 작가로서의 삶을 살았던 체코의 수도 프라하! 카프카가 거닐었을 거리를 알고 있다며 잠시 차를 세우고 위치를 짐작해 보시던 친절함.

시내 한복판에서 멀지 않은 네거리 트램 정류장 모퉁이에 위치한 목사님 댁에 도착하니 거실 가득한 손주들의 사진이 반겨 줍니다. 결혼한 자녀들 사진, 아직 결혼하지 않은 자녀들까지……. 자녀가 많아 참 행복하겠다고 생각했는데, 저를 위해 오후 시간을 내준 큰아들 마틴과 강변을 산책하면서 알게 되었습니다.

"우리 가족 참 많아 보이지. 사실 우리 부모님이 낳은 자녀는 나부터 위로 셋이고 나머지 넷은 입양하셨어."

체코성서공회 직원인 그의 말에 적지 않게 놀랐습니다. 함께 공항에 나온 막내아들은 스물한 살인데 한쪽 다리가 불편하지만 입양하셨다고 합니다. 사회주의 국가 체제의 몰락으로 어려웠던 시절, 버림받은 아이들을 넷이나 입양하신 블라디미르 목사님 부부! 사모님은 어느 나라를 가나 역시 사모님이더군요. 더블린에서 만남 큰따님의 얼굴과 많이 닮은 줄리아 사모님. 줄리아 사모님이 교우들과 더불어 일곱 명의 자녀를 키우셔야 했으니 얼마나 고단했을까 짐짓 가늠해 봅니다. 자상한 미소, 세상의 혼돈으로부터 자녀를 키우고 세상의 생명을 지키는 위대한 우리의 어머니, 줄리아 사모님 얼굴에는 세월 속에서도 흔들리지 않는 부드러운 강직함과 사랑이 주름 사이로 드러나 있습니다.

점심시간부터 저녁 늦은 시간까지 저의 수많은 질문에 친절하게 답변해 주던 큰아들 마틴, 찰스 대학교를 나온 수재라던 줄리아 사모님의 칭찬대로 그는 매너있고 박학다식하며 영어도 잘합니다. 그와 함께 프라하 시내 강변을 산책하고, 아버지의 교회를 방문하고, 관광객들로 붐비는 대통령 궁 앞길을 피해 어린 시절 동생들과 뛰어 놀았다는 골목을 거니는 시간이 참 정겨웠습니다. 아이였을 그가 골목 저 끝에서 어린 동생들의 길잡이가 되어 아버지가 목회하는 예배당으로 내달리곤 했겠지요. 저녁 무렵 교회에 도착하니 목사님은 점심 전에 나가셨는데 여전히 예배당에서 몇 가지 긴 모임을 인도하고 계셨습니다. 경제 위기 가운데서도 낡은 교회 내부 리모델링을 위해 길어지는 임원 회의를 인도하시고 밤 열한 시가 넘어서 돌아오셨습니다.

다음날 오전 모두들 일터로 나간 후에 목사님 부부와 시간을 보냈습니다. 통역해 주던 마틴은 없지만 오히려 더 깊은 기도와 마음의 대화를 나눌 수 있었습니다. 그리고 슬로바키아로 가는 저를 프라하 역까지 배웅해 주셨습니다.

첫날 공항에서처럼 커다란 손으로 제 가방을 빼앗아 드시고, 플랫폼으로 이어진 긴 계단을 저만치 앞서 가시는 목사님! 점심으로 먹으라며 샌드위치를 주시면서 꼭 안아 주시던 사모님! "너는 좋은 목사가 될 거야!" 하시는 그 말이 선로 위의 햇살처럼 내 마음에 위로의 빛이 됩니다. 기차가 출발하고 나란히 손을 잡고 다른 두 손을 흔들던 블라디미르 목사님과 줄리아 사모님! 성장한 자녀들을 향해 손을 흔들었던 그 자리에서, 교우들을 떠나보냈을 프라하 역에서 오늘은 젊은 이방인 목사를 향해 손을 흔들던, 제가 만난 아주 오래된 프라하의 연인입니다.

슬로바키아로 가는 낡은 완행열차 안에서 카프카의 책을 펼쳤습니다. 그리고 프라하에서 만난 아주 오래된 연인과 보낸 꿈같은 시간을 되돌아보며 책장을 넘깁니다.

가장 성스러운 곳에 들어가기 전에 너는 신발을 벗어야 한다. 그러나 신발만이 아니라 모든 것을 벗어야 한다. 즉 여행복과 배낭, 그리고 그 밑에 맨몸과 드러나지 않은 모든 것, 그리고 핵과 핵, 그 다음에는 그 밖의 것과 나머지 것, 그리고 나서는 영원한 불빛도 벗어야 한다. 그래야 비로소 불 자체도 가장 성스러운 것에 흡수되고 스스로도 그것에 흡수될 수 있어서, 둘 중 어느 것도 가장 성스러운 것을 거역할 수 없을 것이다.

_카프카의 《꿈 같은 삶의 기록》 중에서

갈릴리에서 막내가 해준 밥

며칠 전 아내가 학교 가는 날이라 집에서 둘째를 돌보던 저는 오랜만에 점심밥을 지었습니다. 녀석이 칭얼대는 바람에 잘 한다는 것이 그만 밥을 태우고 말았지요. 학교에서 돌아와 밥이 검다고 타박하는 딸아이에게 '아버지의 사랑이 너무 뜨거웠노라'고 설득력 없는 핑계를 댔지만, 그래도 맛있게 먹어 주는 아이가 고맙습니다.

화천에서부터 더블린까지 따라온 작은 압력 밥솥! 두꺼운 바닥이 밥을 참 맛있게 만들어 줍니다. 분명 똑같은 쌀을 사용하건만 전기 밥솥과 압력 밥솥으로 지은 밥맛은 전혀 다릅니다. 뜨거운 열기는 같지만 그것을 어떻게 다스리느냐의 차이지요.

김장 준비하신다는 어머니와 통화하다가 지난해 봄에 다녀가신 일이 떠올라 이렇게 물었습니다.

"어머니, 지난번에 더블린에 오셨을 때 그리고 이스라엘 여행하시면서 언제가 가장 좋으셨어요?"

"막내가 갈릴리에서 해준 밥이 가장 맛있었지!"

뜻밖의 대답을 듣고 저는 잠시 주저했습니다. 이내 아차 싶어 기억을 더듬어 보니 그런 일이 있었습니다. 더블린에 오신 부모님을 모시고 3일 동안 이스라엘 성지를 방문했습니다. 짧은 일정이라 예루살렘과 가버나움(갈릴리 호수 서쪽에 위치한 가장 번성한 도시)만 다녀왔습니다.

"다른 곳은 필요 없다. 그저 갈릴리 호수 주변에서 하루를 조용히 지내고 싶구나."

일생에 단 한번인 이스라엘에서의 사흘을 어떻게 사용할까? 여러 곳을 다니는 것은 무리라는 것을 아셨기에 아버지는 갈릴리 호수를 선택하셨습니다.

예루살렘에서 출발해서 저녁 무렵이 되어 가버나움에 도착하니 마침 호텔이 갈릴리 호수 근처에 있었습니다. 짐을 풀고 부모님과 갈릴리 호수로 내려갔습니다. 바다와 호수라는 그리스어 원문을 굳이 비교하지 않더라도, 척박한 광야 한복판에 이렇게 넓고 많은 물이 고였으니, '옛사람들이 바다라고 부를 수도 있었겠구나' 라는 생각이 들 만큼 장엄했습니다. 풀 한 포기 보기 드문 돌산을 걸어 가버나움에 당도한 사람에게 갈릴리는 분명 호수 이상의 경치이며 넘치는 생명이었을 것입니다.

그런데 문제는 식사였습니다. 이틀간, 체코를 경유하여 갈아타는 비행기 안에서, 그리고 예루살렘 호텔에서 느끼한 식사를 잘 견디신다 했는데 부모님은 이내 밥이 그리웠나 봅니다. 어머니가 식당 음식에 손도 대지 못하고 방으로 올라가시더군요. 저는 바로 방으로 올라가 비장의 카드를 꺼냈습니다. 컵라면과 햇반! 호텔 직원이 전기 포트를 가져다주어 컵라면은 쉽게 완성할 수 있었는데 문제는 햇반입니다. 식당은 이미 문을 닫아서 전자레인지를 사용할 수 없었지요. 어쩔 수 없이 화장실 세면대에 뜨거운 물을 받아서 햇반을 데우려 했는데 쉽지 않습니다. 묘수가 없어 고민하다가 욕조에 뜨거운 물을 받아 햇반을 데웠습니다. 몇 번 되풀이 한 끝에, 마침내 밥이 온기를 품었습니다. 어머니가 밥과 컵라면을 어찌나 맛있게 드시던지요. 제 몫으로 가져온 밥과 컵라면까지 모두 드시고 흡족해 하시던 어머니! 다음날 부모님과 저는 갈릴리 호숫가를 산책하며 순례자들 틈에서 신발을 벗고 갈릴리 호수에 발을 담겼습니다. 그리고 한가로이 벳새다 들판에서 산상수훈을 읽으며 함께 시간을 보냈습니다.

　평생 자식들의 밥을 지어 주신 어머니! 늦가을이면 그 밥에 찬을 얹어 주기 위해 차가운 소금물에 배추를 절이는 어머니! 그런 어머니에게 정작 아들은 밥 한 그릇 지어 올리지 못했구나 하는 후회가 밀려옵니다. 많은 교우들이 한국 가면 제일 먼저 시원한 냉면을 먹고 싶다거나, 뜨끈한 순대국밥을 입천장이 데이도록 먹겠노라고 다짐합니다. 하지만 저는 한국 가면, 늦었지만 어머니를 위해 따뜻한 밥 한 그릇 지어 올리고 싶은 꿈을 마음속에 담아 둡니다. 자식을 위해 더 찰진 밥을 지으려 가만히 밥솥 앞에 웅크리고 앉아 젊은 날을 보내셨을 어머니의 부엌이 간절히 그리워지는 계절입니다.

제 값을 받으려면

　이른 아침 주방에서 오르간 곡이 울려 퍼집니다. 계절마다 곡은 자주 바뀌는데요. 주로 아내가 학교에서 그때그때 배우고 있는 곡들이 아침을 열어 줍니다. 요즘은 주로 아내의 졸업 시험 곡들을 듣는데, 들을수록 아침 기도에 좋은 바흐(Bach)의 〈파사칼리아 Passacaglia〉가 있습니다. 〈파사칼리아〉는 고음의 선율은 계속 변해도 베이스만은 같은 주제음이 처음부터 끝까지 반복되는 것이 특징입니다. 그래서 처음 들을 때보다는 들을수록 단순한 운율이 사람의 마음을 맑게 해주고, 아침 기도가 저절로 되고 싱그러운 아침 길을 따라 문을 열고 싶은 느낌을 줍니다.

　아침에 들려오는 오르간 곡이 다른 곡으로 바뀌지 않고 계속되면 딸아이는 이미 눈치를 챕니다. 엄마가 같은 곳을 여러 번 칠수록, 연주가 잘 되지 않아 더 연습해야 한다는 것을 아이는 잘 알고 있습니다. 오죽하면 엄마가 연습할 때 옆에서 놀다가 이런 말도

합니다.

"엄마, 이 부분이 그렇게 어려워? 또 틀렸잖아."

아이는 친구들이 기다리는 학교로, 아내는 오르간이 있는 교회로 가는 모습을 보면 배우는 기쁨은 끝이 없는 듯합니다.

하루는 졸업 시험을 앞둔 아내에게 학교에서 편지가 왔습니다. 시험 시간과 곡에 대한 부분을 공지하는 편지입니다. 편지에 한 가지 특이 사항이 있습니다. 수험생은 연주하는 오르간 곡의 원본 악보를 보고 칠 것! 시험을 보는 학생이 원본 악보를 보고 치는 것이 뭐가 이상하냐고 묻는 분들도 있을 것입니다. 하지만 악보 값을 아는 사람에게는 큰 부담입니다. 시험 곡이 네 곡인데 모두 다른 책에 들어 있으니 악보를 네 권이나 사야 합니다.

연습은 복사본으로 했지만, 악보를 갖추라는 말에 아이들을 데리고 아내와 함께 시내에 있는 악보 가게 오푸스(Opus)에 갔습니다. 두 권은 없어서 못 샀는데도 구입한 두 권의 악보 값이 80유로입니다. 실로 복사의 달콤함에 익숙한 우리에게는 너무나 경이로운 가격이지요. 30페이지 악보가 38유로니까 장당 1유로…….

중학생 때, 목사님의 심부름으로 토요일마다 인쇄소에 들러 교회 주보를 받아오는 것이 저의 일과였습니다. 인쇄소 문을 열면 잉크 냄새가 코를 찌르고, 인쇄기는 아주 요란하게 돌아갑니다. 토요일이면 대부분의 시내 교회들이 주보를 인쇄하느라 작은 인쇄소가 무척이나 분주합니다. 아버지의 친구분이신 장로님의 책상에는 금장으로 된 크고 멋진 성경책이 펼쳐져 있었습니다.

"용남아! 이 성경책 좋아 보이지? 너 줄까?"

대답 대신 그저 웃자, 장로님은 이렇게 말씀하셨습니다.

"요즘 새로 오는 교인들에게 성경책을 무조건 사 주는 교회들이 많지. 용남아! 그런데 성경책은 제 돈 주고 사서 보아야 한다. 복음은 값이 없지만, 책은 여러 사람이 땀 흘려 만든 거잖니. 일제 때 권서인들은 성경을 거저 나눠 주지 않았단다. 받은 이도 돈이 없으면 곡식으로 주었지. 그래서 지금 교회가 방방곡곡에 서 있잖니!"

당시에는 그 뜻을 몰랐지만 울림으로 남은 말씀입니다. 나의 값어치를 정당하게 인정받지 못한다고 아우성치다, 돌아서면 남의 것은 거저 취하려는 모순 같은 세상을 살면서, 이십여 년 전 장로님의 말씀은 여전히 귀한 울림이 됩니다.

3부

아일랜드 더블린 그리고 나

더블린 시내를 한 시간만 벗어나도 아일랜드는 그 진면목을 드러냅니다. 항상 느끼는 아일랜드의 목가적인 수줍음이 푸른 언덕 너머로 스멀거립니다.

미인은 자전거를 탄다

아침 출근길에 항상 만나는 자전거 가족이 있습니다. 늘 지쳐 보이는 어머니와 사내 아이 셋의 등굣길을 지켜보노라면, 유럽의 많은 나라에서 자전거는 무덤에서 요람까지 따라다닌다 해도 틀린 말이 아닙니다. 이 개구쟁이 녀석들은 작은 자전거를 타고 천천히 가라는 어머니의 말씀에도 더 열심히 앞서거니 뒤서거니 하면서 어머니의 마음을 애타게 합니다.

더블린에서 자전거는 도로 법규상 차보다 우위에 있습니다. 물론 사고가 날 위험성은 늘 있지만 그래도 많은 사람들이 자전거를 애용합니다.

이따금 차선을 변경하는 자전거 때문에 급정거하는 차들도 있지만, 운전자가 큰소리치는 우리나라와는 달리, 자전거를 탄 사람이 운전자를 야단치면서 유유히 차선을 변경합니다. 그러면 대부분의 운전자는 손을 들어 미안함을 표시하지요.

한국의 집배원은 오토바이를 타지만, 아일랜드 집배원은 자전거를 타고 거리를 활보합니다. 우리 집 구역에 편지를 전해 주는 연로하신 집배원 아저씨 역시 페달을 밟기도 힘겨워 보이지만, 항상 더디게 찾아오는 행복처럼 느린 자전거로 편지를 전달합니다.

자전거 타는 패션도 다양합니다. 양복바지를 양말 속에 밀어 놓고 정말 폼 안 나게 타는 직장인들도 있고, 젊은 샐러리맨들은 세련된 헬멧과 양복바지에 형광색이 들어간 밴드로 맵시를 내기도 합니다. 더러는 2인용 자전거를 타고 소풍 가는 듯 보이는 사람도 있고, 치마를 휘날리면서 슬리퍼 차림으로 타는 젊은 여자들도 자주 눈에 띕니다. 이어폰으로 음악을 들으며 노래까지 따라 부르는 젊은이들도 많지요.

자전거도 가지가지입니다. 번쩍번쩍 광이 나는 20단 기어의 은색 사이클이 있는가 하면, 굴러가기는 할까 싶은 낡은 자전거도 있습니다. 거리마다 모퉁이마다 자전거 주차대가 설치되어 있고, 학교 입구에는 주차된 차보다 훨씬 더 많은 자전거들이 눈에 들어옵니다.

그동안 다녀본 유럽의 여러 나라도 그랬던 것 같습니다. 역마다 모퉁이마다 자전거 주차대가 있고 자전거 전용도로가 차선 옆으로 공존합니다. 벤츠와 푸조 사이에서 기죽지 않고 달리는 자전거

행렬이 부러워 보이기까지 합니다.

지난 2월, 일 년에 한번 있는 유럽 목회자 회의 때문에 에인트호벤에 갔습니다. 지친 몸을 이끌고 기차를 탔는데 앞자리에 아름다운 여인이 앉아 있어, 피로도 잊고 도착지까지 이런저런 얘기를 했지요. 고등학교만 졸업해도 제2 외국어인 영어를 자유롭게 구사할 수 있는 것이 너희 나라의 경쟁력 아니냐고 물으니, 그 예쁜 여인이 웃으면서 이런 얘기를 합니다.

"우리나라의 경쟁력은 깨끗한 환경에서 나오는 화훼산업이고, 그 이유는 많은 사람들이 자전거를 타기 때문일걸!"

함께 역에서 내려 마중나온 분을 기다리는데, 그녀는 역 광장에 세워둔 자전거를 타고 손을 흔들며 갑니다. 유럽에서 미인은 자전거를 탑니다. 땀 흘린 만큼 앞으로 나아갈 수 있다는 평범한 진실이, 오늘도 거리를 달리고 있습니다.

이상한 유언, 도심 한복판의 에어필드 농장

"아빠, 저기 좀 봐! 말이 있네."

이사와서 하룻밤 자고 일어나니 아이가 창밖을 가리키며 아침부터 말 타령입니다. '녀석도 이사하느라 고단했나!' 하며 무심코 창밖을 보니 정말로 도로 옆 농장 울타리 안에서 말들이 한가롭게 풀을 뜯고 있더군요. 참 신기했습니다. 지난주에 더블린 남쪽 시내 던드럼 타운으로 이사했습니다. 이곳은 전철이 더블린 중심가로 연결되는 역세권의 아파트 단지입니다. 주변에는 새로 지은 아파트와 상가가 대부분인데, 새로 닦은 도로 오른쪽으로 예쁜 돌담을 따라 푸른 농장이 펼쳐져 있습니다. 참 신기하다 했는데, 며칠 후에 궁금증이 풀렸습니다.

지난 금요일 아델라이드 교우인 로레인(Lorraine)이 저희 집에 다녀갔습니다. 마침 학교 교사를 잠시 그만둔 터라 흔쾌히 저의 작문 선생님 역할을 자청해 주었습니다. 어머니가 던드럼(Dundrum)에 있는 태니 학교(Taney School)의 교장 선생님으로 은퇴하셨고 그녀 역시 학교에서 아이들을 가르치고 있습니다.

비록 많이 변하긴 했지만 이 지역은 그녀의 어린 시절 추억이 고스란히 남아 있는 소중한 곳입니다. 저희 집 앞에는 학교와 에어필드 농장(Airfield Farm) 사이로 난 새 길이 있습니다. 그녀의 기억에는 학교와 농장 사이에 이 길이 없었을 때가 있었고, 그 시절 학교 담 너머로 펼쳐진 농장의 풍경은 더없이 아름답고 목가적인 추억으로 그녀의 가슴속에 남아 있습니다.

그녀가 들려준 에어필드 농장의 에피소드가 참 특별합니다. 두 자매 할머니가 이 농장의 소유주였는데 죽기 전에 아주 특별한 유언을 했습니다. 농장을 잘 보존해서 교육을 위해 사용해 달라는 것입니다. 이것이 주변에 대형 쇼핑센터가 들어서고 아파트가 많이 들어섰지만, 베란다 창문 너머로 보이는 이 농장은 매일 아침 말과 소 떼들이 산책하는 한가한 곳으로 남아 있는 연유입니다.

얼마 전 신문에서 아일랜드 출신의 사업가 찰스 피니(Charles Feeney)의 책이 출간되었다는 기사를 읽었습니다. 그는 1930년대 초 뉴저지 근처에서 아일랜드 이주자 가정에서 태어나 한국전쟁에도 참전을 했다고 합니다. 〈포브스〉가 선정한 미국의 부자 명단 23위에도 올랐습니다. 그 기사 하단에는 다음과 같은 글이 있었다고 합니다.

"부호 명단에서 빠지고 싶다면 돈을 잃거나, 남에게 줘버리거나, 죽는 방법밖에 없다."

이 기사를 본 찰스는 그의 변호사에게 이런 내용이 적힌 쪽지를 건넵니다.

"첫째 경우는 생길 것 같지 않고, 셋째 것은 바라는 바가 아니다. 그렇다면 둘째만 남는다."

그는 4조 원이 넘는 돈을 기부하면서도 정작 자신은 15달러짜리 플라스틱 시계를 차고 비행기도 이코노미 클래스만 타는 보통 사람의 모습으로 살았다고 합니다. 그렇게 그는 사후 기부가 대세이던 미국에서, '살아 있는 동안 기부하기'라는 새로운 본보기를 제시했습니다.

"돈은 어떤 사람들에게 유혹적입니다. 그러나 아무도 두 켤레의 신발을 동시에 신을 수는 없습니다."

그가 〈뉴욕타임스〉와의 인터뷰에서 한 말입니다. 놀고먹는 부자가 되려는 사람들이 많습니다. 그러나 세상에는 자신의 일을 사랑하고 열심히 땀 흘리는 것에 만족하고, 그렇게 얻는 결과를 나그네와 이웃을 위해 나누는 부자도 있습니다.

킬데어에서 저녁을

지난 목요일 저녁, 라스파른햄(Rathfarnham) 성경공부 가족들이 카운티 킬데어(County Kildare)에 사는 노부부의 초대를 받았습니다. 집 근처에 사는 라이언(Ryan) 아주머니, 젊은 날 런던에서 살았던 헤더(Heather) 할머니와 남편 할아버지, 이렇게 우리는 차로 탈라트(Tallaght)를 빠져나가 킬데어(Kildare)로 달렸습니다. 한 시간가량 달렸을까! 바람이 심하고 구름은 가득했으나 어르신들과 함께 가는 시간은 즐거웠습니다. 손주들과 더블린 동물원에 새로 태어난 아기 코끼리를 보고 왔다며 신이 나서 얘기를 이어가는 헤더 할머니 때문에 차 안은 흥겨움이 넘쳐납니다.

시골이라서 집은 드문드문 보이지만, 더블린 시내를 한 시간만 벗어나도 아일랜드는 그 진면목을 드러냅니다. 항상 느끼는 아일랜드의 목가적인 수줍음이 푸른 언덕 너머로 드러납니다. 잔뜩 흐린 저녁이라 집을 찾기가 쉽지 않았지만, 길을 잘못 들어서도 채

근하는 사람이 없습니다. 인생길이야 계획에서 어긋나면 힘들지만, 시골에서 길을 잃을 때 우연히 마주치는 아름다운 농장의 풍경은 그야말로 예견치 못한 큰 기쁨입니다. 작은 시내를 건너 갑자기 차를 세우고 목장 울타리 옆, 아름드리 너도밤나무(Beech tree) 아래서 모두 숨죽여 저녁 풍경을 바라봅니다. 떨어지는 빗줄기에도 아랑곳하지 않고 낮은 언덕 초원 위로 한가로이 풀을 뜯는 말과 양을 구경하며 하늘과 푸른 언덕의 허전한 공간을 채워 주는 커다란 너도밤나무 그늘을 응시합니다. 그렇게 아름다운 풍경 속에 있노라니 예이츠가 떠오릅니다.

〈He wishes for the clothes of heaven〉의 한 구절입니다.

나는 가난하여 가진 것이 꿈뿐이라, 내 꿈을 그대 발아래에 펼치노라.

But I, being poor, have only my dreams. I have spread my dreams under your feet.

〈버드나무 정원을 지나서〉라는 시에서 예이츠는 또 이렇게 노래합니다.

내 사랑 그대와 나 강가에 서서, 내 어깨에 얹은 그녀의 눈처럼

하얀 손

In a field by the river my love and I did stand, and on my
leaning shoulder she laid her snow-white hand.

변변찮은 저의 예이츠 예찬론에도 귀 기울여 주시는 어르신들,
그렇게 찾아간 집에는 너무나 아름다운 정원이 있었습니다.

다른 교우들도 차를 나누어 타고 하나둘 어려운 저녁 길을 잘
찾아왔습니다. 음식을 나누고 담소가 오고갑니다. 제가 보기에는
소스가 거기서 거기인 것 같은데도, 너무 맛있다며 어찌나 칭찬을
하는지 어색한 순간도 있었지만, 저에게도 가족처럼 이런저런 얘
기를 들려 줍니다.

초대해 주신 어르신은 스코틀랜드 출신입니다. 가족의 성씨마다
다른 타탄(tartans, 남자들이 있는 치마 모양의 전통 의상)의 유래와 의미,
1500년 전에 찍은 더블린 시가지 모습, 커다란 흑백 사진 속의 젊
은 날의 추억을 들려 주셨습니다. 북아일랜드 국경을 통과하며 고
생하던 때와 개신교인으로 더블린에서 살아가기 힘들었던 시절의
이야기는 은혜롭습니다. 킬데어에서 돌아오는 길, 지친 기색도 없
이 어르신들은 여전히 즐거워합니다. 진정한 시란 시인이 '그 자신
을 시에 담는 것'이라는 예이츠의 말이 생각납니다. 삶이 시가 되
어야 아름다운 것처럼, 사람도 함께 있을 때 아름답습니다.

틴 휘슬과 아일랜드 뮤지션들

아일랜드는 실로 음악적인 재능과 자산이 풍부한 나라입니다. 잘 부르는 노래 한 곡 정도는 누구나 가지고 있는 우리네 만큼이나 노래와 음악을 좋아하는 사람들입니다. 너무나 유명한 영화 〈타이타닉〉으로 최고의 명예를 거머쥐었던 제임스 카메론은 오스카 시상식에서 이렇게 외쳤다지요.

"나는 세상의 왕이다."

하지만 그렇게 오만한 앵글로 색슨족의 후예가 자신에게 영광을 안겨준 영화의 주제가 〈My heart will go on〉에 식민지에 불과했던 아일랜드의 전통악기, 틴 휘슬을 사용한 것만 보더라도 아일랜드 음악의 깊이를 어느 정도 가늠해 볼 수 있습니다.

아일랜드에 온 지 얼마 되지 않아 딸아이에게 처음 사준 선물이 바로 틴 휘슬(tin whistle)입니다. 리코더보다는 작지만 소리의 색깔

이 사람의 마음을 흔드는 묘한 매력이 있지요. 휘슬과 피들로 상징되는 아일랜드 음악, 백파이프와 피아노 아코디언을 중심으로 한 스코틀랜드 음악, 이 두 가지가 켈트 음악의 주류이며 월드 뮤직을 이야기할 때 빼놓을 수 없는 중요한 장르입니다. 우리나라의 단소처럼 작은 악기지만 제 음을 내기가 쉽지 않습니다. 이 작은 악기가 만들어내는 음색이 음악의 커다란 차이가 된다는 사실이 참으로 놀랍습니다. 음악만큼이나 삶의 기초가 중요함을 새삼 깨닫게 됩니다.

여섯 살 때부터 대중 앞에서 노래한 크렌베리(Cranberries)의 솔로 돌로레스. 그녀의 목소리에 묻어나는 아일랜드적인 음색은 가히 압권입니다. 사람들 앞에서 노래하는 것이 너무나 부끄러워서 데뷔 초기에는 상업적인 녹음을 포기할 뻔 했다는 돌로레스의 수줍음, 어쩌면 그 수줍음이 바로 켈트 음악의 속성 가운데 하나일지 모릅니다. 특히 〈Dreams〉를 부르는 그녀의 독특한 아일랜드적인 창법은 한순간에 세상에 알려지고 많은 사랑을 받았습니다.

U2 역시 아일랜드적인 음악이 가장 세계적일 수 있다는 것을 보여 준 밴드입니다. 평범한 음악가로 단정 짓기 어려울 정도로 그들의 음악에는 강한 메시지가 있습니다. 마틴 루터 킹 목사의 갑작스런 암살을 기억하면서 지은 노래 〈Pride〉가 그랬고, 활동의 정점을 이루었던 노래 〈War〉 역시 다소 진부한 사랑 타령에 지친

많은 사람에게 새로운 현대 음악의 방향을 보여 준 노래라고 평가합니다. 한때 영국의 레코드사는 아일랜드 뮤지션이 먹여 살린다는 말이 나올 정도로 아일랜드 출신 음악가들은 자신들의 음악적인 색깔을 고집스럽게 보여 줍니다.

저녁 때 마을 골목에서, 선술집이나 펍에서 연주되는 자신들의 음악을 세계의 한복판으로 가지고 나온 수많은 아일랜드 뮤지션을 보면 그들의 무모함이 부럽기까지 합니다. 세계의 유명한 음악은 줄줄 외우고 있으면서 정작 황병기의 가야금 산조, 달밤을 울리는 대금 산조의 구슬픈 투명함, 역동적인 춤 사위에 너무도 잘 어울리고 잔치에 흥을 돋구어 주던 태평소의 음색에는 너무나 무심한 것이 오늘의 한국인이 아닐까 생각해 봅니다.

세상에 수많은 전자제품이 흥망을 거듭해도 노래방만큼은 사라지지 않는 걸 보면, 한국 사람이 가진 음악적 재능 또한 아일랜드에 절대 뒤지지 않습니다. 세계에 흩어져 사는 많은 한국 사람들의 손과 어깨에 기타 대신 대금과 가야금이 함께 있을 날을 기대해 보는 것은 지나친 욕심일까요?

하페니 다리를 건너며

지난 화요일 오후, 오랜만에 하페니 다리(Ha' penny Bridge)를 건 넜습니다. 1816년에 이 다리가 세워지고 1/2페니를 통행료로 받았 던 것이 이 다리의 이름이 되었습니다. 가끔 이런 생각을 합니다. '이 다리가 만들어지기 전에는 리피 강 북쪽 지역 그러니까 파넬 스트리트(Parnell Street)나 지금의 상가 밀집 지역인 헨리 스트리트 (Henry Street)에서 리피 강 남쪽인 트리니티 대학이나 시청을 가려 면 당시 사람들은 주로 어떤 다리를 이용했을까?'

실제로 사람들만 다닐 수 있는 하페니 다리를 이용하면 강의 남 과 북을 편하게 다닐 수 있습니다. 이 다리가 없으면 한참 강변을 따라 걸어 오커넬 다리(O' Connell Bridge)로 우회하거나 법원이 있 는 서쪽 방향의 그라탄 다리(Grattan Bridge)를 이용할 수 밖에 없습니다. 두 길을 다 걸어가 보니 넉넉잡아 삼사십 분이 걸립니다.

당시 상류층이 이용하는 마차나 자동차는 큰 다리를 이용했기에, 주로 걸어 다니는 서민들에게 하페니 다리의 등장은 그야말로 아주 반가운 소식이었을 것입니다. 또한 1/2페니를 내고 이 다리를 건널까, 아니면 돈을 아끼기 위해 30분을 걸어서 다른 다리를 이용할까, 그 옛날 더블린 사람들은 이 다리에서 망설이지 않았을까 하는 생각도 듭니다.

사람과 사람과의 거리를 좁혀 주는 이 보행자 다리를 건너다 보면 구걸하기에는 너무나 젊은 청년 거지(?)들이 있습니다. 그리고 대낮부터 낮술을 즐긴 사람들의 붉은 얼굴도 보입니다. 저비스(Jervis) 근처의 상가 밀집 지역과 템플 바를 가로지르는 이 다리는 다양한 인종과 다양한 국가 출신의 사람들 사이의 간격을 좁혀 주는 공간이 아닌가 합니다. 이 다리를 건널 때마다 〈험한 세상의 다리가 되어〉라는 노래가 생각납니다.

그렇게 이 길을 건너 템플 바에 있는 약속 장소 몽골리언 바비큐에 갔습니다. 더블린으로 영어를 공부하러 온 두 친구가 자신들이 일하는 식당에 저희 부부를 초대했기 때문입니다. 저녁시간이라 주방과 홀이 모두 분주합니다. 커다란 바비큐 불판 앞에서 땀을 뻘뻘 흘리며 열심히 고기를 굽는 모습이 안쓰럽기도 하고 대견하기도 합니다. 인사를 건네는 여사장은 두 친구가 성실하다고 연신 칭찬합니다. 그분도 이미 더블린한인교회의 명성을 두 친구에게 듣고 알고 있더군요. 학창 시절부터 친구였고, 함께 더블린으로 온 청년들. 도착해서부터 어려운 일들이 많았지만, 둘 사이의 우정과 신뢰로 지금은 조금씩 자리를 잡아가고 있습니다. 그들은 자정까지 일하고 함께 하페니 다리를 건너 묵고 있는 플랫(Flat)으로 밤길을 걸어 하루를 마무리할 것입니다.

늦은 저녁 식당을 나서자, 여행객들과 유럽 각지에서 몰려든 많은 사람들로 템플 바는 이제 막 시작입니다. 수많은 사람들, 그리고 젊음과 낭만의 거리. 그 길의 끝에는 하페니 다리가 강을 가로질러 있습니다. 기쁨의 순간을 함께한 것만으로는 충분치 않아, 서로의 간격을 좁혀 주는 그런 다리가 더블린에 있습니다. 마치 인생은 나란히 걸어가야 한다는 것을 이 다리는 우리에게 가르쳐 주는 듯합니다. 앞으로 두 젊은 친구가 가야 할 인생길이 서로의 거리를 좁혀 주는 하페니 다리를 함께 걷는 것 같았으면 좋겠습니다.

파티마 맨션

역사에서 사라지는 것은 비단 사람뿐만이 아닙니다. 우리가 살아가는 더블린도 사라짐의 연속입니다. 성장에 따른 새로운 개발이 너무나 빨리 그리운 것들을 사라지게 합니다. 휴스턴(Houston)역에서 가까운 파티마 역. 이곳에는 1950년대 도시 빈민을 위해 지어진 낡은 파티마 맨션이 옹기종기 들어서 있습니다. 에블린 도일(Evelyn Doyle)이 어린 시절 기억 속의 아버지를 그려낸 소설 《에블린 Evelyn》의 무대가 바로 파티마 맨션입니다. 이 책을 사랑하는 아버지에게 헌정하면서 에블린은 이렇게 말합니다.

"자신의 아이들과 헤어져 살아야 했던 사랑하는 아버지에게"

가난하지만 실력있는 화가였던 아버지는 이 서민 아파트에서 가족들과 함께 작은 행복을 누리며 살아갑니다. 하지만 당시 화가들에게 종종 나타나는 납 중독으로 병원에 입원합니다. 아버지의 입원과 어머니의 가출이라는 드라마의 식상한 공식이 작은 아이 에블린에게도 일어납니다.

실제로 지금도 바다로 이어지는 동쪽의 리피 강보다 서쪽 시티의 강가는 우울해 보입니다. 바람이 거센 어느 날 오후, 직접 걸어 보니 제임스 스트리트(James St.)에서 파티마 맨션 쪽으로 이어지는 길은 더욱 그런 느낌을 줍니다. 어스름한 밤 한산한 골목길 모퉁이에서 어린 에블린은 어머니를 기다리고 또 기다립니다. 다섯 명의 어린 동생들을 보살피며 고단했을 파티마 맨션의 가녀린 소녀 에블린. 위층에 살았던 마음씨 좋은 이웃, 자기 자녀에게조차 넉넉지 못한 음식을 나누어 주신 설리번 아줌마. 베리 티(Berry tea)를 마시는 고아원의 여학생들까지 소설의 현장을 찾아가는 일은 사뭇 묘한 상상력을 자극합니다.

영국으로 건너가 돈을 마련해 아이들을 데려오려는 젊은 아버지. 그러나 엄마가 없으면 아이들을 데려갈 수 없다는 당시의 가정법과 맞서 법정 싸움을 하고, 결국 힘겹게 아이들을 되찾게 됩니다. 자녀들을 데려오겠다는 평범하고 가난한 화가 아버지의 일념이 눈물겨운 실화입니다.

재판 내내 딸 아이가 있는 고아원을 찾아가는 아버지의 사랑, 반년 만에 만난 누이를 알아보지 못하는 어린 동생들의 안타까움을 생각하며 그 거리를 서성여 보았습니다.

이제 개발의 박차를 가하는 더블린의 역사 속으로 파티마 맨션이 사라집니다. 그 어린 누이가 고아원으로 가는 도중에 넋을 잃고 서 있던 오커넬 다리. 그 난간에서 가난하지만 행복했던 파티마 맨션을 그리워했을 에블린. 화려한 것들은 그리운 것들을 밀어냅니다. 소설의 마지막, 판결의 가닥을 쉽게 내리지 못하던 법원은 결국 아버지의 손을 들어주었고, 아이들은 마침내 아버지와 크리스마스를 집에서 보내게 됩니다.

그래서인지 서울의 휘황찬란한 크리스마스트리보다 조금은 소박한 더블린 거리의 트리가 더욱 정겹게 느껴지는 12월의 길목입니다.

옥스팜에 간 모녀

　더블린 거리를 거닐다 보면 이따금 자선단체가 운영하는 상점들이 눈에 띕니다. 템플 바에서 하페니 다리를 건너면 리피 강 북쪽 강변에 자선단체 바나도(Barnardo)에서 운영하는 자선 가게(Charity Shop)가 있고, 조지 스트리트(George's Street)에는 옥스팜(Oxfam)이 있습니다. 두 자선단체의 상점은 더블린 시내 곳곳에 있습니다. 저희가 사는 지역에는 옥스팜이 있습니다.

　이 상점의 좋은 점은 일단 자선단체가 운영한다는 것과 값이 싸다는 것입니다. 재고나 다른 사람들이 입었던 옷가지며 아이들 장난감이 저렴하고 중고 서적도 다양해서 우리 집 아이의 도서 구매는 새 책을 파는 이슨(Eason) 서점보다는 대부분 옥스팜에서 이루어집니다. 더러 눈에 들어오는 깨끗한 소설책이나 전기 형태의 서적들도 3유로면 구입할 수 있으니 그야말로 알뜰한 공간입니다.

새 책에서 나는 잉크 냄새가 아니라, 읽은 이의 추억과 상상과 세월이 묻은 손때가 주는 공감도 중고 서적이 주는 또 다른 책 읽기의 기쁨입니다.

아내와 딸아이도 이젠 옥스팜의 단골이 되었고, 갈 때마다 쇼핑백을 가져다주는 열심을 내기도 합니다. 저가에 팔리는 커피잔이나 그릇들도 세월의 흔적을 담아 판매됩니다. 어느 날부터 아내는 잔을 하나씩 집어 들고 오더군요. 1-2유로에 찾아온 에스프레소 잔들이며 작은 찻주전자를 사와서 차와 커피를 마시는 일이 아내에겐 소일거리이자 행복인 듯합니다. 아내의 작은 찬장에는 그렇게 옥스팜의 추억이 쌓여갑니다. 며칠 전 옷장을 정리하던 모녀는 옷가지를 가지고 집을 나섭니다.

"아빠, 엄마랑 옥스팜 갈 거야. 아빠 것도 있으면 하나 사올게요."

아내는 그렇게 아이들의 작아진 옷을 잘 세탁해서 손에 들고, 아이는 자기의 장난감이나 책 한 권을 들고 옥스팜으로 마실갑니다.

작지만 누군가를 도울 수 있고, 저렴하게 생필품을 교환하듯 사용하는 옥스팜. 더블린이 주는 또 다른 즐거움입니다. 돌아오는 아내와 율이의 손에는 머그컵 하나, 동화책 한 권이 들려 있네요.

지난 한 주간 동안 미얀마는 태풍으로, 중국은 강진으로 많은 어린이가 희생되었습니다. 옥스팜에서 우리가 쓴 돈이 세상의 어려운 아이들에게 음식과 학용품으로 보내진다니 고마울 뿐입니다. 얼마 전에 신문기사를 보니 세계 구호단체를 위해 가장 기부를 많이 하는 나라가 아일랜드라고 합니다. 아일랜드는 결코 작은 나라가 아닙니다. 세계의 변방에서 고통당하는 아이들을 기억하며 옥스팜에서 산 블레이크의 시집을 펼쳐 봅니다.

어린양아, 내가 말해 줄게. 그분의 이름은 네 이름과 같단다. 그분은 자신을 양이라 불렀거든. 그분은 온화하고 상냥하단다. 그분은 아이로 오셨지. 나는 아이 너는 양. 우리는 그분의 이름으로 불릴 거야. 어린양아, 하나님의 축복이 너에게 있기를.

Little lamb, I'll tell thee. He is called by thy name, For he calls himself a lamb. He is a meek and He is mild. He became a little child, I a child and thou a lamb. We are called by His name. Little lamb, God bless thee!

윌리엄 블레이크의 시와 함께 그들을 위해 두 손을 모읍니다.

다포딜 데이

    지난 금요일은 암 환자들을 위해 자선기금을 마련하는 다포딜 데이(Daffodil Day)였습니다. 다포딜은 우리가 흔히 수선화라고 부르는 꽃으로 노란 꽃송이가 우아합니다. 잡상인과 전단지, 그리고 학원 승합차들로 가득한 한국과는 다른 아일랜드의 한가로운 등굣길입니다. 그러나 이날만큼은 조용하던 교문에 노란 다포딜이 들어차고 꽃을 파는 자선단체 사람들이나 부모 아이 할 것 없이 꽃을 흔들며 봄을 반기는 날입니다.

    낭만에 대해서라면 빠질 수 없는 저도 당당하게 다포딜 두 묶음을 딸아이와 나누어 들고 돌담길을 돌아왔습니다. 6유로의 출혈이 못내 서운했는지 아내는 뭘 두 묶음이나 샀냐며 잔소리하지만 손은 이미 꽃병을 찾고 있습니다.

    "율아! 이 꽃 이름과 엄마의 공통점이 있네."

이 한마디에 아내의 잔소리는 멈춥니다.

다포딜은 수선화과에 속하는 봄꽃입니다. 더블린의 골목 구석구석에서 만난 다포딜의 자태는 과연 나르시소스(Narcissus)라는 학명에 걸맞게 우아합니다. 물속에 비친 자신의 모습에 감탄하던 나르시스의 이야기에서 유래한 꽃말이 있지만 영어권에서는 다포딜로 부릅니다. 아일랜드의 골목을 들여다보면 다포딜은 정말 흔한 꽃입니다. 고향집 앞마당에 늘어선 노란 개나리 같은 느낌이지요.

더블린에서 맞이하는 세 번째 봄, 다포딜과 저는 여전히 서먹서먹합니다. 늘씬한 서구 미인 같은 노란 다포딜, 다소 거만한 듯한 느낌을 주는 첫 꽃잎과 두 번째 꽃잎 사이의 세련되고 우아한 거리감이 아직도 어색한 탓일까요?

10여 년의 서울살이를 정리하고 산골에서 맞이한 첫 번째 봄. 시골 생활의 답답함과 크고 작은 불편함으로 투덜거리던 그 시절. 어느 날 문득 한가한 시골 농가 모퉁이에서, 마을과 마을을 이어주는 오솔길에서, 들과 숲을 감싼 작은 냇가에서 만난 노란 수줍은 꽃, 애기똥풀. 그 작은 꽃잎에 스민 봄 냄새.

나 서른다섯 될 때까지 애기똥풀 모르고 살았지요. 해마다 어김없이 봄날 돌아올 때마다 그들은 내 얼굴 쳐다보았을 텐데요. 코딱지 같은 어여쁜 꽃 다닥다닥 달고 있는 애기똥풀 얼마나 서운

했을까요. 애기똥풀 모르는 것이 저기 걸어간다고 저런 것들이
인간의 마을에서 시를 쓴다고.

안도현 시인보다 조금 이른 나이에 그 꽃을 만난 것에 감사했습
니다. 계절의 변화도 모르는 녀석이 어찌 하나님 나라의 때를 알
수 있겠냐고 주님은 바리새인과 같은 저를 야단치셨지요. 눈길 주
는 이 없는 조용한 길가에 작은 애기똥풀 꽃잎도 간절히 생명을
지피는 일에 동참하고 있다는 것을 깨달았던 그 시절의 감동이 떠
오릅니다.

"애기똥풀도 모르는 놈이 저기 잘도 걸어간다고, 저런 것들이
인간의 마을에서 설교를 한다고."

책상에서 어색하게 마주앉은 더블린의 봄꽃에게 속삭여 봅니다.

"다포딜, 더 친해지자!"

길에서 만나는 기억들

가끔 피닉스 공원(Phoenix Park) 근처를 지나는 일이 생기면 잠시 공원을 거닐어 봅니다. 공원 어디에 이르러 마음에 드는 커다란 나무 그늘 아래에서 서성이는 것을 좋아합니다. 조용히 떠오르는 예이츠의 〈샐리 가든〉.

샐리 가든 아래서 내 사랑과 나는 만났지.
Down by the Sally Gardens, my love and I did meet.

이렇게 시작되는 애잔한 시구. 첫 구절이 마음에 남아 가끔씩 읊조리던 청소년기의 어설픔을 되풀이해 보는 것만으로도 기분이 좋습니다. 단순한 사랑 타령이 아니라, 고단하고 팍팍한 생을 살던 그 시대의 아일랜드 사람들에게 큰 위로가 되었을 시, 지금까지 민요로 전해지는 노래. 너무 유명한 동생 엔야(Enya)에게 가려지긴 했지만 언니 모야 브렌난(Moya Brennan)의 목소리가 이 노래엔 제격입니다. 내가 아는 한 가장 켈틱(celtic)한 그녀의 목소리.

강기슭 들판에서 내 사랑과 나는 서 있었지요. … 그녀는 작고 눈처럼 하얀 발로 샐리 가든을 지나갔지요.
In a field by the river, my love and I did stand… She passed the Sally Gardens with little snow-white feet….

배고픈 소작농 딸아이의 순박한 맨발, 그 서늘한 슬픔을 눈 같은 백색(snow-white)이라고 노래한 예이츠. 내 젊은 날의 우상, 그를 만나는 내 마음속의 샐리 가든, 더블린의 공원 안의 나무 그늘.

반대로 파넬 스트리트(Parnell Street)를 지날 때면 가끔 보이콧이 생각납니다. 지금이야 보이콧이라는 단어가 고유명사화 된 지 오래지만, 이 단어가 유래한 곳이 바로 아일랜드입니다. 1873년 영국의 퇴역 대위 찰스 보이콧(Charles Boycott)은 아일랜드 땅을 소유한 대지주의 관리인으로 마요 지방의 러프 마스크(Lough Mask)에 옵니다. 때리는 시어머니보다 말리는 시누이가 더 무섭다고 했던가요? 대지주보다 더 큰 상전이 된 관리인이 어디 찰스 보이콧뿐이었을까요?

아일랜드 소작농들은 삶을 위한 처절한 생존의 투쟁을 전개하면서 쓰리 에프(Three F)를 통해 자신들의 목소리를 내기 시작합니다. 공정한 임대(Fair rent), 영구적인 토지 소작(Fixity of tenure), 자유로운 판매(Free sale). 하지만 보이콧은 끝까지 그들의 뜻을 묵살했고, 결국 집배원과 마을의 세탁소까지 파업에 동참했고 고립된 보이콧은 마침내 영국으로 돌아갑니다. 당시 아일랜드 토지연맹이 벌인 소작료 인하 운동을 지휘했던 것은 다름 아닌 파넬(Parnell)입니다. 당시의 언론이 아일랜드의 독립 운동가 파넬을 "왕관을 쓰지 않은 아일랜드의 왕(Uncrowned King of Ireland)"으로 불렀고, 보이콧은 지독한 관리인으로 기록합니다. 그 해부터 영국의 〈타임스〉는 각종 비폭력적인 저항과 불매운동을 보이콧이라고 고유명사화 해서 사용했습니다.

아일랜드의 왕은 아니었지만 독립의 아버지로 존경받는 파넬은 오커넬과 함께 더블린 시내 중심의 두 축을 이루는 도로의 이름이 되어 나란히 서 있습니다. 하지만 보이콧을 기억하는 사람은 많지 않습니다. 그의 이름은 불명예스러운 이름이 되어 오늘날까지 사람대접 받지 못하는 셈입니다. 그 길을 걸어가다 만나는 사람에 대한 기억들. 그렇게 나의 길을 돌아봅니다. 먼 훗날, 내가 걸어간 그 길을 누군가 따라 걸으며 서성이다 웃을 수 있는 길, 그런 길을 가면 좋겠습니다.

탈봇을 생각하며 탈봇 스트리트를 걷다

날마다 거니는 더블린 시내의 거리는 낯익은 이름도 많지만 낯선 이름도 많습니다. 훌륭한 작가, 유명한 정치인, 그리고 왕이나 성인들인 이름이 대부분입니다. 그래서 더블린에는 제임스 조이스 스트리트, 오커넬 스트리트, 패트릭 스트리트 등이 있습니다. 이 거리 중에 조금 낯선 이름의 탈봇 스트리트가 있습니다. 더블린에는 그의 이름이 들어간 거리와 다리가 있습니다.

매트 탈봇(Matt Talbot), 1856년 2월 더블린 노스 스트랜드(North Strand)의 가난한 가정에서 태어나 십대부터 심각한 알코올 중독에 빠져 살았던, 그 시대의 전형적인 더블리너입니다.

십대부터 시작된 음주는 16년 동안 지속되었습니다. 그는 30세에 갑작스런 회심을 경험한 후에 금주에 성공합니다. 그 후 40년간 하루하루를 '평신도 성인'이라 불릴 만큼 사람들에게 감화를 주는 삶을 살았습니다.

암울한 식민지 상황에서 음주와 알코올 중독은 아일랜드의 심각한 사회문제였습니다. 제도권 교육을 받지 못한 가난한 매트 탈봇은 회심 후 날마다 교회에서 기도하는 일을 죽는 날까지 멈추지 않았고, 그리스도의 십자가를 생각하며 매트리스 없는 나무 침대에서 잠을 잤고, 주변 교우들의 도움으로 글을 배워 성경과 신앙서적을 탐독했다고 합니다.

더블린의 유명한 종교 지도자들이 그에게 깊은 영감을 받았고 자신에게는 늘 최소한의 것만을 사용하고 부두에서 일한 돈은 자선단체와 가난한 이웃을 위해서 사용했습니다. 40년을 변함없이 기도와 부두 노동을 하고 검소한 삶을 살았습니다.

1925년 탈봇이 죽자 더블린 사람들은 평신도 성자의 죽음을 애도했고, 전 세계 도시에 그의 이름을 딴 알코올 치료센터와 자선단체, 호스텔들이 생겨났습니다. 암울했던 아일랜드에 탈봇의 삶은 소시민들에게 큰 희망과 위로가 되었고, 많은 사람이 알코올 중독에서 벗어날 수 있었다고 합니다.

1978년 그의 이름을 기념하는 탈봇 다리(Talbot Bridge)가 리피강을 가로질러 시내 북쪽의 관세청와 남쪽 조지 부두(George's Quay) 사이에 생겨났고 지금에 이르고 있습니다. 우리 성도들이 많이 사는 마운트 조이 스퀘어, 그러니까 김치 레스토랑에서 오른

쪽으로 끝으로 서너 블록을 걸으면 그의 무덤이 있습니다.

얼마 전에 한국에는 박지성 도로가 생겼다고 합니다. 우리 땅에도 평범하지만 아름다운 삶의 궤적을 만들어 낸 탈봇 같은 사람들의 이름을 기념하는 소박한 거리나 다리가 생겼으면 하는 바람은 너무 지나친 욕심일까요?

아직 낯선 더블린의 길거리 식사

더블린 생활을 한 지 10개월이 지나고 있지만, 여전히 문화의 차이를 실감합니다. 그중에서도 체면 문화에 익숙한 우리에게 길거리 점심 시간은 낯설기만 합니다. 이따금 점심시간에 아파트 입구에 들어서면 울타리에 둘러앉아 더러는 아예 길바닥에 앉아서 점심을 먹는 사람들로 즐비합니다. 이제 적응이 될 법도 한데 저에게는 여전히 낯선 일입니다. 점심시간이 지나면 그 자리에 쓰레기까지 수북하니 더 거북하게 느껴집니다.

이따금 가족들이 공원에 나가 샌드위치를 먹을 때 아내는 가끔 아이에게 이런 말을 합니다.

"율아, 아버지는 아직도 길거리에서 혼자 샌드위치 못 드신단다."

공원에서는 나도 혼자 먹을 수 있다고 항변하지만, 여전히 길거리에서 샌드위치 먹는 일은 쉽지 않습니다. 차라리 참았다가 집에서 먹는 것이 더 편합니다.

우리나라는 철저한 '상' 문화입니다. 그래서 우리는 상에 둘러앉아 먹는 것에 익숙하고 외식을 해도 둘러앉을 상이 있는 식당을 좋아합니다. 물론 상이 아닌 곳에서 점심을 먹는 경우가 늘어나고 있지만, 우리는 여전히 상에 익숙합니다. 그래서 상에서 먹지 않고 몇몇이 길거리에서 점심을 먹는 것은 왠지 어색합니다.

어린 시절 학교에서 돌아오면 할머니의 정성이 담긴 독상의 기억부터, 여름날 시원한 앞마당에 매캐한 모깃불 피우고 멍석 위에 큰 상을 펼치고 온 가족이 둘러앉아 손바닥보다 큰 호박 쌈을 걸쭉한 된장 지짐과 함께 먹었던 추억, 서른 가지가 넘는 현란한 반찬들의 행렬이었던 고향 이천의 쌀밥 한정식 교자상까지…….

어느 날 늦은 오후, 아파트 저쪽 울타리에서 한 남자가 음식을 먹고 있습니다. 파스타 같은 것을 플라스틱 포크로 참 열심히 먹더군요. 배고프면 체면이 무슨 필요가 있습니까? 그런데도 저는 길거리 식사가 어색합니다.

'아니 저 사람은 멀쩡하게 차려 입고 뭘 저리도 열심히 드시나? 이제 퇴근 시간인데…….'

저의 안타까운 눈빛에도 아랑곳하지 않고 이 친구 한술 더 떠 웃으며 인사까지 보냅니다. '밥은 상에서 먹어야 한다'는 저의 구습을 빨리 바꾸어야 할 텐데 걱정입니다.

구수한 통깨가 가득 들어간 오이냉국과 파김치를 곁들인 푸짐한 비빔밥이 놓인 작은 소반이 그리워집니다. 온 가족이 무릎을 맞대고 오순도순 둘러앉아 매운 맛에 입을 호호 불어가며 먹던 마당 식사가 그립습니다.

러프보 근처의 작은 시골 가게

슬라이고의 소박한 농가에서 보낸 사흘의 여름휴가는 끝났습니다. 우리의 마음에 추억으로 남아 있는 한적한 농가, 이른 아침 산책 길에 만나는 푸른 초원의 눈 큰 소들, 엄청난 개인기를 지녔던 축구하는 강아지 두 마리. 그중 한 녀석은 아이들과 정이 들었는지 돌아가라 해도 자꾸만 따라옵니다. 도시의 소음에 익숙한 우리는 3일간 귀와 볼을 스치며 낮게 흐르던 대서양의 바람 소리, 다소 이국적인 목장의 말 소리, 소들의 되새김질 소리, 저녁 바람에 풀 눕는 소리, 빗방울 떨어지는 소리를 들으면서 마음이 맑아져 돌아왔습니다.

우리가 머물던 농가는 슬라이고의 대서양 바닷가와 지친 파도가 들어앉아 호수가 된 러프애로우(Lough Arrow), 러프키(Lough Key), 러프가라(Lough Gara) 사이에 있습니다. 이 호수들은 플라이

낚시를 하는 사람들이 송어를 찾아 순간의 예술을 향유하기 위해 찾아오는 한적한 곳입니다. 커다란 호수와 바다 사이에 있는 호젓한 작은 호수. 무엇보다 물 위로 달이 떠오르면 더없이 아름다울 것 같은 동화 속 호수, 러프보(Lough Bo).

둘째 날 저녁이었습니다. 아침에 먹을 우유와 시리얼을 사러 근처 도시로 가려다 호기심으로 마을에 하나뿐인 작은 가게에 들어갔습니다. 문을 열었을 때의 느낌은 강원도 화천의 산골 가게 같았습니다. 가게 주인은 할아버지였습니다.

정말 낯선 이방인을 만난 듯이 놀라는 할아버지는 이내 부드러운 미소를 보입니다. 같이 간 율이를 보시더니 귀여운 듯 허리를 낮추어 눈인사를 하시며 어디서 왔냐고 묻습니다.

"사우스 코리아(South Korea)! 오!"

잔기침과 감탄사가 구분이 안 될 정도로 신기해 하십니다. 젊은 시절 몇 년을 제외하고 한번도 고향을 떠나지 않으셨다는 할아버지의 호기심은 끊이질 않습니다.

그 흔한 계산기도 없이 구입한 물건들의 가격을 손때 묻은 작은 노트에 옮겨 적습니다.

"우유 2.00유로, 시리얼, 3.00유로, 아이스크림 1.20유로"

할아버지의 셈을 보채지 않고 가게를 둘러보았습니다. 한쪽 벽의 낙서들, 세월의 때가 묻은 저울, 뿌연 유리함 안에 담긴 사탕과 초콜릿, 윙윙거리는 낡은 우유 냉장고. 둘러보니 그 느낌은 우리네 시골 가게와 별반 다르지 않습니다.

"자네가 사는 나라는 아름다운가? 그곳의 호수와 강도 아름다운가?"

할아버지는 꽤나 궁금하셨나 봅니다. 낯선 이방인에게 던진 할아버지의 한마디가 뇌리에서 맴돕니다. 그 질문은 마치 "네 '나라'가 아름다우냐?"라는 질문이 아니라, "네 '마음'도 아름다우냐?"라고 묻는 듯 낮은 메아리로 들립니다.

"널 보니 그럴 것 같아. 네 나라도 좋은 곳 같아."

세상을 창조하신 후 하나님께서 하신 첫마디가 "보시기에 좋았더라"(창 1:10)입니다. 낯선 누군가를 향해 "좋다"고 말할 만큼 마음의 넉넉함이 우리에게도 있으면 좋겠습니다.

바리스타와 함께한 커피 수업

지난 목요일 오후 레스토랑 김치에 들렀습니다. 식당에 필요한 것들이 상자 가득 담겨 한국에서 날아왔는데 그 안에 《포크송대백과》도 들어 있더군요. 강 화백의 연주로 함께 '나뭇잎 사이로' 라는 흘러간 옛 노래를 따라 부르며 잠시 추억에 잠기려는 순간, 맵시 있게 차려 입은 일리(illy) 커피 직원이 들어왔습니다. 식당에 설치한 커피 기계를 점검해 주고 종업원들에게 맛있는 커피 내리는 방법을 가르쳐 주러 온 것입니다.

커피에 대한 애정이 깊은 저는 그의 현란한 손놀림과 깔끔한 말솜씨에 감탄하면서 커피 가는 것부터 마지막 단계까지 지켜볼 수 있는 호기(好期)를 잡았습니다. 한국에는 커피를 잘 만들 수 있는 최고의 바리스타(Barista)가 많지 않다는 것을 알고 나름대로 커피 공부를 아내와 함께한 적이 있습니다(한국을 떠난 2005년에는 그랬던 것 같다). 더블린에 오기 전에 처음으로 대학에 바리스타 과정이 생긴다는 것을 알고 배우려는 결심까지 했었습니다.

지켜보는 것에 한계를 느낀 저는 마침내 자리에서 일어났습니다.

"당신이 일리에서 바리스타냐?"라고 묻자, 그는 물끄러미 쳐다보면서 '네가 바리스타를 다 알아!' 하는 놀라운 표정을 짓습니다.

"내가 영국에서 열리는 바리스타 대회에서 두 번이나 1등했어."

이때부터 그는 과장하기 시작했습니다. 어쨌든 그는 최고의 에스프레소 비법을 소개했습니다. 원두를 잘게 가는 방법, 쥐꼬리 모양으로 커피가 내려져야 하는 것, 물의 온도를 결정하는 노하우, 막 채워진 잔 안에 거품이 담긴 적절한 상태, 필터를 잡고 좁은 공간 사이를 움직이는 발놀림까지 자세하게 설명해 주더군요.

"가르치고 일하면서 많이 마시다 보니 에스프레소보다는 마끼아또를 더 좋아해"라고 하면서 마끼아또 예찬론을 늘어놓더군요. 마지막으로 제가 좋아하는 스타일의 커피를 만들어 주면 생에 영광이라고 저도 다소 과장해서 말했습니다.

"에스프레소는 너무 진하고 아메리카노는 너무 약해. 그래서 나는 아메리카노에 톨 한 잔을 더 추가하는 스타일의 커피가 좋아."

'너 제법 까다로운 취향을 가졌구나' 하는 표정으로 어깨를 툭 치더니, 흥분한 나머지 원두가 담긴 그라인더를 잡은 손에 부쩍 힘이 들어갑니다. 더블린 여느 카페에서 커피 내리는 아르바이트

직원과는 확실히 스타일과 방법이 달랐습니다. 막 내린 커피의 크림 모양도 제가 좋아하는 버터링 쿠키 모양과 같더군요. 그의 걸작을 마시면서 땀을 흘리는 그를 보았습니다. 자신의 일을 사랑하고 즐기는 모습이 두고두고 기억에 남을 것 같습니다. 좋은 사람들과 나누는 커피 한 잔, 그 순간의 향유를 여러분에게 권합니다.

무엇을 안고 돌아가는가

아일랜드의 풍토에는 전체적으로 약간은 수줍은 구석이 있다.
아일랜드의 아름다움이 우리에게 내미는 것은 감동이나 경탄이
라기보다는 오히려 위안과 진정에 가까운 것이다.

무라카미 하루키는 아일랜드를 여행한 후 그의 책에서 이렇게
회상합니다. 교회 안에서 그리고 거리에서 만나는 젊은이들과 대
화하면서 그리고 그들을 떠나보내면서 저는 가끔 이런 질문을 합
니다.

"아일랜드에서 머무는 동안 무엇을 안고 돌아갑니까?"

저의 질문에 대부분 웃으며 말꼬리를 흐립니다.

젊은이들은 화려한 유럽을 꿈꾸며 영국과 비슷할 거라는 환상
을 가지고 이곳에 옵니다. 여행이라는 다소 낯설고 신선한 자극

앞에서 우리는 상상의 날개를 펼칩니다. 그들의 공통된 관심사는 '영어를 마스터한다'는 강한 신념입니다. 그래서 한국 사람과의 만남을 기피하기도 합니다. 가끔 거리에서 도움이 필요해 보이는 한국 젊은이들을 도와주면 그들은 고맙다는 인사를 하자마자 자신의 목적지를 향해 발걸음을 재촉합니다. 더 이상의 관심과 만남은 사양한다는 뜻이겠지요.

또한 많은 젊은이들이 가족의 울타리에서 벗어나 자유를 만끽하고 싶은 마음으로 이 땅을 찾아옵니다. 이틀 전 집 근처 거리에서 한국 학생 서너 명이 함께 살 집을 찾아가는지 모두들 커다란 여행 가방을 가지고 있더군요.

"야, 이제 자유다. 뭐 동네가 그리 좋지도 않네."

그들의 대화가 작은 쇼핑백을 들고 머플러를 뒤집어 쓴 할머니의 등 뒤로 희미하게 들려옵니다. 마치 경춘선 안에서 만날 수 있는 대학생들처럼 그들의 얼굴은 약간 상기되어 있습니다.

'자유'의 정의가 지극히 개인적일 수 있다는 것에는 동의하지만, '자유'가 태생적으로 지닌 모종의 '현실과의 은밀한 타협'과는 구별되어야 합니다.

이따금, 한국으로 돌아간 청년들의 메일을 받아 보면 그들도 하루키가 말한 아일랜드의 특성을 스스로 이해한 것 같습니다. '있을 때는 몰랐는데, 조금 지겹기까지 했는데, 생각하면 그리운 곳'

그들의 글 속에 공통분모는 역시나 아일랜드 정서입니다.

저는 앞으로도 계속 귀국하는 청년들에게 "무엇을 안고 돌아갑니까?"라고 물어볼 작정입니다. 어떤 여행이든 여행에는 나름 목적이 있습니다. 하지만 목적을 따라가다 만나게 되는 그 공간의 정서를 내 것으로 만드는 것은 사람에 따라 다르게 나타납니다. 늘 지나다니던 길을 피해, 조금 돌아가더라도 공원을 가로질러 거니는 그 짧은 순간에 여러분은 이 나라가 내미는 아우라(Aura)를 느끼게 될 것입니다. 일생을 두고 그리워하는 것들은 그렇게 빨리 찾을 수 없는지도 모릅니다.

로나의 졸업식과 알 파치노

지난주 금요일에 트리니티 대학 졸업식에 참석했습니다. 아델라이드 교회의 젊은 교우이자 이 대학의 언어학 강사인 로나의 박사학위 수여식이 있는 날입니다. 아일랜드의 졸업식이 궁금했습니다. 교문에서 꽃 파는 아우성도 없고 정말 졸업식이 있나 할 정도로 차분합니다. 가운을 입은 졸업생들은 찾아온 몇몇 사람들과 정겹게 얘기 나누는 게 전부입니다.

사진을 찍느라 정신 없는 우리네 풍경과는 너무나 대조적입니다. 세월이 지나 졸업식 사진을 보면 사진 배경에는 어김없이 등장하는 낯선 사람들이 있습니다. 별로 친하지 않았던 친구가 사진 속 배경에 뚜렷이 남아 친했던 친구보다 더 깊이 각인되더라는 얘기도 들었습니다.

아일랜드의 졸업식에는 그 흔한 꽃다발도 없습니다. 로나의 졸업식에 참석한 사람은 북아일랜드에서 오신 부모님과 저희 가족 뿐입니다. 졸업을 해도 식장에는 들어가지 않는 우리와는 달리, 로나의 부모님은 졸업식장으로 바로 들어가십니다. 졸업식 자체에 충실한 참 낯선 풍경입니다.

게다가 지난주에는 트리니티 대학에 유명한 배우 알 파치노가 왔습니다. 이 대학에서 가장 오래된 학생 클럽인 철학회(Philosophical Society)에서 그를 초청했는데 알 파치노가 이를 흔쾌히 수락하면서 이루어졌다고 합니다. 많은 돈을 받고 참석하는 자리가 아닌데도 학생들의 순수한 부탁에 응하는 명배우의 진지함이 부러웠습니다. 이 클럽의 명예 회원으로 초대받은 사람들 중에는 노벨상을 받은 투투 대주교와 미국 상원의원 존 맥케인도 있습니다.

〈대부〉에서 마이클로 열연하여 전 세계에 자신의 존재를 알린 알 파치노. 170센티미터의 단신이지만 표정 연기만으로도 부패한 변호사 숀 펜을 압도했던 칼리토. 그의 보폭이 실제로 〈여인의 향기〉에 나오는 탱고의 완벽한 스텝을 담고 있는지 확인하고 싶었지만, 아쉽게도 그를 보려고 몰려든 수많은 인파 때문에 돌아서야 했습니다.

사람이 어떤 자리를 지향하는지, 어떤 자리에 참석하는지에 따라 다르게 보일 수 있다는 사실을 스크린이 아닌 더블린에서 내 청소년기의 작은 우상, 알 파치노에게 배웠습니다.

노스 월 부두에서

온 세계의 바다가 그녀의 마음으로 몰려왔다. 프랭크가 그녀를
바다 속으로 끌고 들어갈 것만 같았다. 그가 그녀를 익사시킬 것
만 같았다. 그녀는 두 손으로 철제 난간을 움켜잡았다.

《더블린 사람들 *Dubliners*》 중에서

단편집 《더블린 사람들》 '이블린(Eveline)' 편에 나오는 마지막
문장입니다. 대학 때 저는 유난히 가을을 많이 타던 문학 청년이
었습니다. 제임스 조이스를 참 좋아했지요. 4권으로 나누어 번역
된 《율리시즈》와 《더블린 사람들》을 읽으면서 더블린 거리를 상상
하면서 언젠가는 아일랜드를 꼭 한번 가보고 싶었는데 이 나라에
서 살게 된 것을 보면 인생은 짐짓 예측하기 어렵습니다.

더블린의 가을입니다. 어느 날 저녁 더블린 항구로 산책을 갔습

니다. 가을에 걸어 볼 만한 거리 중 가장 으뜸인 더블린 항구로 가는 길을 갑자기 걸어 보고 싶은 충동 때문입니다. 더블린은 하루면 다 돌아볼 만큼 작아서 볼 만한 것이 없다는 푸념을 종종 듣습니다. 그럴 때마다 추천하는 책이 제임스 조이스의 《더블린 사람들》과 《젊은 예술가의 초상》입니다. 조이스는 실제 거리의 이름을 책에도 그대로 사용했기 때문에 주인공들이 걸었던 길을 따라 걸으면 더블린은 훨씬 구체적으로 다가옵니다. 《더블린 사람들》의 15가지 단편 중에 더 좋은 것 하나를 고르라고 한다면 저는 주저 없이 '이블린'을 선택합니다.

지긋지긋한 아버지의 술주정에서 벗어나 뱃사람 프랭크와 사랑의 도피를 결단한 이블린, 남겨진 동생들 때문에 발걸음이 흔들렸을 그녀를 생각하며 관세청 앞 북쪽 리피 강변을 걷노라면 가을은 저만치 앞서 흔들리는 물결로 다가옵니다. 그녀는 그렇게 노스 월(North Wall) 선박터미널에서 북적거리는 사람들 틈에 서 있었지요.

프랭크를 기다리며 더블린 항구의 저녁 만조에 스민 황혼과 짙푸른 바다로 눈길을 떨어뜨리며 주저했을 이블린의 모습. 조이스는 이 부분을 이렇게 표현했습니다. "온 세계의 바다가 그녀의 마음으로 몰려왔다." 더블린 항구에서 뒤를 돌아보는 그녀. 결국 애타게 부르는 프랭크의 손을 뒤로하고 그녀는 돌아서고 말지요. 체념과 희망이 그렇게 대조적인 공간으로 조우하는 곳, 그곳이 바로 더블린 항구입니다.

　먼 옛날, 이 부두의 언저리에서 아일랜드 인구의 사분의 일이 고국을 떠났습니다. 부둣가의 오래된 항만청(Harbor Master building)의 신호를 보고 그들을 실은 배가 대서양을 가로질러 미국으로 기약할 수 없는 먼 길을 떠났을 그 가을을 생각해 봅니다.

　더블린! 비가 오는 순간의 울적함과 내리던 비가 그친 후 너무나 태연하게 쪽빛을 풀어내는 눈부신 하늘빛이 하루에도 몇번씩 공존하는 곳. 날씨 하나만으로도 지루하지 않은 이곳에서 소설 속의 이블린을 생각하며 더블린 부두로 걸음을 재촉합니다. 청갈색 외투에 검은 가방 하나를 들고 힘겹게 부두로 향하고 있었을 이블린, 온 세계의 바다가 내 마음으로 밀려오는 더블린 항구 노스 월, 거리보다 먼저 검푸른 물결 위로 저녁이 찾아오는 곳. 세상의 서쪽 끝, 유럽의 모퉁이를 세상의 중심으로 생각했던 조이스의 저녁 길을 따라나섭니다.

아일랜드 시골 교회에서 마주친 코리안 크로스

밥 제닝스(Bob Jennings), 이분을 만난 것은 지난 가을입니다. 1950년 한국전쟁이 발발하자 영국군 공수부대 군목으로 참전하여 일 년간 전선을 누비셨지요. 80세의 고령이지만 무척 건강해 보입니다. 지금은 20년의 사목 생활을 정리하고 은퇴해서 위클로우(Wicklow) 근처의 작은 마을, 하지만 이름은 아일랜드에서 가장 긴 마을, 뉴타운마운트 케네디(Newtownmount kennedy)의 한적한 곳에서 아들 집과 나란히 이웃하며 살고 있습니다.

근방에 있는 교회 4개를 교구로 활동하셨기에 그중 한 교회로 찾아갔습니다. 교회 뒤로는 위클로우의 아름다운 언덕이 보이고, 앞으로는 시원한 아일랜드 해가 눈에 들어옵니다. 전형적인 성공회 예배당 형태의 사각형의 타워와 십자가 모형의 예배당. 예배당은 너무나 단아했습니다.

예배당 문을 여니 오래된 그윽한 냄새가 납니다. 고고학에 관심이 많아 목사님이 손수 발굴하신 돌로 만든 세례대는 예배당 앞쪽에 잘 보존되어 있습니다. 12세기부터 시작된 교회 역대 담임 목회자 명단을 보니 역사의 오랜 결이 한층 더 실감납니다. 그 옛날 이 교회가 시작될 때에는 로마가톨릭보다는 아일랜드 고유의 켈틱교회 성향이 강했었지요. 성공회, 장로교, 감리교 등이 연합된 Church of Ireland는 유럽 대륙과 달리 영국의 독립적인 교회제도(Church of England)를 그대로 받아들인 듯합니다. 한 가지 다른 점이 있다면 중세 초에 들어온 독립적이며 고유했던 요한복음을 기반으로 그 기초를 닦은 켈틱 기독교를 계승한다는 교회의 연속성입니다.

그렇게 오랜 세월의 흔적이 서린 작은 예배당을 둘러보다 먼저 하나님의 품으로 가신 사모님의 묘지가 눈에 들어왔습니다. 매일 이곳을 오르내리며 아내의 묘지를 둘러보실 잔잔한 애정의 시선을 보면서 저도 많은 생각을 했습니다. 결국 부부란 한 사람을 먼저 보내고 나서 더 깊은 사랑으로 진정한 부부가 되는 것이 아닐까 하고요. 아내의 묘비를 매만지는 검버섯 핀 남편의 손길!

그렇게 한동안 예배당 이곳저곳을 설명해 주시더니 강대상 제일 앞쪽에 있는 스테인드글라스 아래로 안내해 주십니다. 거기에는 목사님이 가장 아끼는 작은 십자가가 있습니다. 한국전쟁 당시 자신의 지프에 달았던 십자가라고 합니다. 탄피를 녹여 한국인 대장장이가 만들었다는 십자가, 그분은 이 십자가를 '코리안 크로스(Korean Cross)'라고 불렀고, 귀국해서 이 십자가를 현재의 교회에 놓았습니다.

위클로우의 한적한 길에 있는 예배당에서 만난 한국 십자가! 젊은 날 참전했던 분단의 땅, 그 참혹한 전쟁터의 나라 코리아가 잘되기를, 다시 일어서길 기도하셨답니다. 우리도 그렇게 아일랜드를 마음에 품으면 좋겠습니다.

나는 대리석 궁전에 사는 꿈을 꾸었지요

《더블린 사람들》은 제임스 조이스의 단편소설집임에도 불구하고 다른 난해한 장편을 넘어서는 책이지요. 이 책 안에는 코가 길고 못생긴 마리아가 등장하는 '진흙'이라는 단편이 있습니다. 주인공 마리아(Maria)는 세탁소에서 일하는 노처녀이지만 주변 사람들의 불화와 갈등을 해소해 주는 마음 고운 여인입니다. 소설은 그 시대의 거울이라고 하는데, 제임스 조이스는 아예 더블린의 실제 골목 이름과 상호를 사용했지요. 자연주의적 기법과 상징주의적 기법을 작은 분량의 단편에서 마음껏 발휘하며 그의 현란한 직관의 글쓰기를 보여 주기에 이 작은 소설집에 대한 저의 애착은 남다릅니다.

남몰래 마음으로만 좋아했던 조(Joe)가 벨파스트를 여행하면서 선물로 사온 지갑, 5년이 지난 낡은 지갑에 애착을 갖는 마리아,

그녀는 이런 여인입니다. 작은 물건의 추억을 영원처럼 간직할 줄 아는, 못생겼지만 사랑스러운 여인. 오늘 밤처럼 비가 내렸을 백여 년 전, 더블린 한복판에서 드럼컨드라(Drumcondra)로 그녀가 좋아하는 빛바랜 갈색 비옷을 입고 조의 만성절 파티에 초대되어 길을 재촉합니다. 이미 결혼했지만 여전히 그녀의 마음에 친절하고 좋은 남자로 남아 있는 조의 집에서의 파티. 눈을 가리고 접시에서 반지를 찾아야 하는 게임에서 애석하게도 진흙을 집어 올린 손은 그녀의 평탄치 않은 운명을 예고합니다.

게임이 끝나고 조의 아내와 아이들이 마리아에게 노래를 청합니다. 이때 그녀가 부른 노래가 바로 〈I dreamt I dwelt in marble hall〉입니다. 우리나라에서 조수미가 불러 익숙해진 곡이지만, 더블린 출신의 가난한 음악가 발페의 오페라 중 하나인 〈보헤미안 여인 The Bohemian girl〉에 나오는 아리아입니다.

나는 대리석 궁전에 사는 꿈을 꾸어요… 꿈속에서 나는 엄청난 부자였고… 나의 추종자들이 내 손을 잡으려고 애쓰는 꿈을 꾸어요. 기사들이 무릎을 굽혀 어떤 여자도 안 넘어갈 수 없는 사랑의 맹세를 했죠. 하지만 꿈속에서 내가 무엇보다 행복했었던 것은 당신이 여전히 나를 사랑하고 있었다는 거예요. 멋진 귀족 중의 하나가 내 손에 사랑을 맹세하기도 했죠. 하지만 꿈속에서 무엇보다

나를 매혹시킨 것은 당신이 여전히 나를 사랑했다는 거예요.

아마도 수줍어 떨며 더듬거리면서 불렀을 마리아의 노래를 들으며 조의 눈에서는 하염없이 눈물이 흐릅니다. 사랑하지만 다가갈 수 없는 그러나 여전히 곁에 있는 그대에게로. 때로는 그 대상이 피폐해진 식민지 조국이 되기도 하고, 삶의 공허가 되기도 합니다. 하지만 여전히 잿빛 진흙의 현실에서도 꿈꿀 수 있기에 우리는 다시 잠자리에 듭니다. 시간을 내어 시티에서 드럼컨드라까지 그녀의 저녁 길을 걸어 보렵니다. 그날 같은 빗줄기를 따라서……

줄리아와 지영이의 어학연수 비용

줄리아(Julia)는 독일의 초등학교에서 아이들에게 영어를 가르치는 파트타임 교사이자 대학생입니다. 잠시 휴학하고 오페어(aupair, 여자 유학생이 언어, 풍습 등을 배우기 위해 집안일을 도와주고 숙박과 식사를 제공받는 제도) 일을 하면서 숙식을 해결하고 영어를 공부하지요. 마침 그녀가 돌보는 아이가 중국에서 입양된 새라(Sarah)입니다. 율이 옆 반 친구라 학교를 오가며 자연스럽게 대화할 시간을 많이 갖게 되었지요.

"영어는 가족들과 하고 일주일에 세 번은 불어를 배워요."

그녀의 영어 실력은 이미 수준급이고, 불어도 중급 이상의 과정을 배우고 있습니다. 그러면서 덧붙이는 말이 스페인어와 이탈리아어까지 하고 싶다나!

누가 독일 사람 아니랄까 무척이나 검소한 줄리아. 스물두 살아가씨 치고는 옷도 거의 바뀌지 않을 정도로 수수하고, 말하지 않으면 조금 무뚝뚝해 보이기까지 합니다.

"아빠, 줄리아 언니는 늘 저 코트만 입어."

딸아이도 눈치 챌 정도입니다.

"딸! 줄리아 언니는 내가 보아도 세 벌의 옷에서 큰 변화가 없구나. 너도 반드시 배워야 한다. 예쁜 옷보다 예쁜 마음이 더 소중한 거야."

줄리아는 틈틈이 일하면서 대학에 다니고 이웃 나라에 와서 오페어 일과 어학연수를 병행합니다. 그렇다고 부모님이 도움을 줄 수 없는 형편도 아닙니다.

"친구들도 대부분 그렇게 해요. 물론 제가 친구들보다 조금 더 하긴 하지만요."

다른 친구들도 큰 차이가 없다고 합니다. 내년에는 자기 동생도 오페어로 올 거라면서.

한번은 율이가 새라와 함께 공원 나들이를 하고 넷이서 식당에 갔습니다. 내가 사겠다고 했더니, 괜찮다며 가져온 샌드위치를 탁자에 올려놓고 차만 주문합니다. 샌드위치로는 모자랄 것 같아 커다란 샐러드를 주문했더니, 어찌나 잘 먹던지 깜짝 놀랐습니다. 얼마 전에는 새라의 생일파티가 있었습니다. 가서 보니 그녀는 꼬맹이 친구들 사이에 앉아서 끝까지 자리를 뜨지 않고, 물론 그날도 아이들 틈에서 이것저것 열심히 챙겨 먹으며, 호스트의 역할을 톡톡히하고 있었습니다. 그것을 보면서 감탄하지 않을 수 없었습니다.

'와! 저것이 독일의 미래다!'

하늘색 머플러와 검정 코트에 청바지 하나로 우리 가족에게 각인된 줄리아. 지나치게 부모에게 의존하는 우리네 젊은이들과는 사뭇 다른 검소함이 예쁩니다. 줄리아와 한국의 지영이(독일에서 줄리아만큼이나 한국에서 흔한 이름이라고 생각해서)의 6개월 어학연수 비용을 비교해 보았습니다.

줄리아의 어학연수 비용

- 라이언에어 항공권 : 80유로
- 공항버스 왕복 : 42유로
- 연수 기간 수입 : 500유로(숙식 무료, 오페어로 집주인에게 받은
  급여 중 불어 배우고 용돈 쓰고 남은 돈).
= 합계 +378유로

지영이의 어학연수 비용

- 왕복 항공권 : 700유로

- 6개월 학원비 : 3500유로

- 6개월 숙식비 : 3000유로(월 500유로면 지영이도 꽤나 절약한 편)

- 유럽 5개국 여행경비 : 1000유로

- 가족 선물 : 200유로

- 파트타임 수입 : 1300유로

= 합계 -7100유로

물론 이 같은 단순비교가 독일과 한국의 미래 국가경쟁력이라
고 생각하지는 않습니다. 하지만 숙고해 볼 만한 일입니다.

글렌크리 화해센터

　더블린에서 운전을 하다 보면 종종 길을 잃어버릴 때가 있습니다. 우리나라처럼 유턴이나 좌회전할 수 있는 곳이 많지 않아서 차를 돌려 빠져 나오기가 쉽지 않습니다. 그날도 그런 날이었습니다. 집을 봐달라는 부탁을 받고 찾아간 이웃 마을, 말리 공원(Marley Park)을 지나 라스파른햄(Rathfarnham)에서 길을 잃은 우리 가족은 조용한 언덕길과 마주했습니다.

　"아빠, 이 길 예쁜데 한번 가보자."

　딸아이가 제안하자 아내도 좋다고 합니다. 로버트 프로스트(Robert Frost)의 〈아무도 가지 않은 길 The Road not Taken〉이라는 시 제목과 비슷한 길이 아닐까 하는 생각이 들어 우리는 그 길을 갔습니다. 쏟아지는 따가운 햇살도 들어오지 못하는 촘촘한 가로수 터널을 천천히 우아하게 가로지르며, 모짜르트 소나타 11번 가장조의 안단테 그라지오소(Andante grazioso) 풍으로 가다 보니 어느새 어렵지 않게 위클로우로 가는 지방도로를 찾을 수 있었습니다.

빙하 침식의 권곡지형이 잘 발달한 위클로우 갈림길에서 잠시 차를 세우고 보니 그 도로가 바로 러프태이(Lough Tay)로 이어지는 길이었습니다. 작은 카페를 가리키는 쓰러질 듯 서 있는 이정표의 빛바랜 글씨 가운데 화해센터(Centre for Reconciliation)가 눈에 들어옵니다. 그렇게 찾아간 글렌크리(Glencree)는 위클로우 산지를 가로지르는 군사도로 길가에 1800년대 초기의 막사로 지어진 건물로 여전히 남아 있습니다.

한때는 학교로 사용되었고, 2차 세계대전 당시에는 아일랜드 적십자사가 독일과 폴란드의 전쟁 고아들을 데려다가 보호해 주었던 특별한 곳입니다. 연합군의 전쟁 고아도 아닌 전쟁을 일으킨 나라의 고아들을 작은 나라 아일랜드가 보살펴 주었다는 사실이 참 놀라웠습니다. 중립국이지만 열악한 상황이었던지라 당시 기록들을 전시한 카페테리아 안에는 이 고아원을 나와서 난생 처음 오렌지를 먹었다는 독일 전쟁 고아들의 기록이 오래된 신문기사로 남아 있습니다.

그리고 그 건물은 1974년 벨파스트와 더블린에서 계속된 크고 작은 폭탄 사고와 피해들을 기념하기 위해 평화와 화해를 위한 장소로 거듭나게 됩니다. 즉 오래된 군대 막사가 고아원이 되었고 다시 화해센터로 비영리 비정부의 원칙을 지키고 있는 의미 있는 곳입니다.

잘못 들어선 길에서 만난 뜻밖의 장소에서 우리 가족은 차 한 잔을 마시면서 평화센터가 어떻게 운영되는지 살펴보는 행운과 더불어 아일랜드의 역사를 배울 수 있었습니다. 1980년대까지만 해도 아일랜드는 크게는 영국과의 관계 때문에, 세부적으로는 종교적 갈등으로 크고 작은 사건 사고가 많았습니다. 그래서 아일랜드 대학과 비정부기구(NGO)에서 운영하는 평화연구(peace study)와 화해 연구(reconciliation study)는 세계적으로도 유명합니다. 트리니티 대학의 부설기관으로 아이리시 에큐메닉 스쿨(Irish School of Ecumenics)은 더블린과 벨파스트 두 도시에서 독립된 캠퍼스로 각종 평화, 화해 연구를 주도하고 있습니다.

우리도 이젠 북한학이라는 국지성을 벗어나 평화, 화해연구 분야를 장기적인 안목으로 조성해야 하지 않을까 생각합니다. 우리도 더 늦기 전에 휴전선 근처에 평화학교를 세운다면 이곳 아일랜드의 평화연구학교와 더불어 세계적인 화해 연구의 중심지로 자리잡을 수 있게 되겠지요. 평화의 빛은 동방에서!

프라이팬에서 오븐으로

더블린에서 짐을 풀고 주방에서 라면을 끓이던 저는 가스레인지 대신 전열판으로 된 전기레인지 앞에서 참담함을 감출 수 없었습니다. 버섯과 양파를 다 썰고 식탁 앞에서 한참을 기다렸건만, 물은 쉽게 끓지 않습니다. 그런데 전열판이 달아오르자 그 뜨거운 열은 쉽게 가라앉지 않고 면발과 스프는 하나가 되지 못한 채 국물이 넘쳐 전열판 위로 쏟아지기까지 했습니다.

"아빠, 라면이 왜 이렇게 물렁물렁해?"

평소 아버지가 요리한 면발의 쫀득함에 익숙한 딸아이도 실망감을 감추지 못합니다. 아일랜드에 익숙해진다는 것은 이렇게 불편한 전열판 레인지와 오븐에 익숙해지는 것인지도 모릅니다. 오븐의 불편함은 더합니다.

"이 사람들은 왜 답답하게 오븐을 쓰는 거야."

이 소리가 저절로 나올 정도로 오븐은 오랫동안 기다려야 합니다. 한번은 아내가 점심으로 통감자를 구웠는데 3시가 넘어서야 겨우 익은 감자를 먹은 적도 있습니다. 물론 이들도 요리에 따라 프라이팬을 사용하기도 하지만 우리처럼 빈번하지는 않습니다.

오븐은 그 열을 담아 내는 방법이 우리네 무쇠 솥과 크게 다르지 않은 서양식 화덕입니다. 다른 것이 있다면 위 아래로 골고루 열이 전달되도록 만들어졌습니다. 더블린 생활에 익숙해질수록 오븐을 사용하는 횟수가 늘어가고, 오븐이 주는 느리지만 따스한 온기는 우리의 영혼까지 데워 주는 듯합니다. 초대받아 찾아간 아일랜드 교우들은 아침부터 저녁까지 오븐에 고기를 넣어 오랜 시간 약한 불에 천천히 익힙니다. 저녁 때 집 안에는 오븐에서 풍겨 나는 음식 냄새가 좋습니다. 더디지만 깊은 온기를 주는 오븐!

바쁘게 사는 세상에서 오븐은 어울리지 않지만 여전히 부엌의 중심입니다. 말리 공원(Marley Park)에 있는 작은 카페에 가면 전통 아일랜드 오븐이 보존되어 있는 작은 부엌이 있습니다. 토탄 냄새와 그을음이 맺힌 검고 투박한 오븐. 그것을 보고 있노라면 대기근 때 아일랜드에서 생산하는 모든 밀이 영국으로 운송되는 것을 보며 굶어 죽어야 했던 슬픈 역사가 떠오릅니다. 그리고 그들의 노동으로 정직하게 가꾼 감자를 구웠을 오븐 앞에서, 감자를 먹는다는 것이 얼마나 거룩한 일인지 가슴이 서늘해집니다.

에스더 아주머니

　몇 달 만에 반가운 분을 만났습니다. 더블린 바닷가에서 고향 영국을 그리워하며 살고 있는 에스더 아주머니! 그녀는 우리 주변에 있는 평범한 아주머니입니다. 더블린으로 영어 공부하러 온 고향 후배의 집주인입니다. 수년 전 암이 완치된 줄 알았는데 재발해서 전이가 되어 요즘은 힘겨운 시간을 보내고 있습니다.

　방사선 치료를 받는 아주머니는 머리를 아주 짧게 자르셨지만 젊은 시절의 미모는 여전히 남아 있습니다. 스스로를 1970년 디스코 세대라고 말하는 아주머니는 라이오넬 리치를 좋아하는 영국인입니다.

　처음 만났을 때 "왜 더블린에서 사세요?"라고 묻자 아주머니는 웃음으로 대답을 대신했습니다. 눈에 띄는 미모 때문인지 아주머니는 열여덟 살에 남자 친구를 만나 집을 나왔고 베이루트에서 살았다고 합니다.

몇 번의 만남 이후에 아주머니가 들려 주는 삶의 단편들을 들으며 저는 많이 놀랐습니다. 베이루트에서 행복하게 살 때, 갑작스러운 폭탄 테러로 사랑하는 남편과 자녀들을 잃었다고 합니다. 그녀가 잠시 집을 비운 사이 그러니까 아주 잠깐 사이에 가족의 생사가 엇갈린 사건이 일어난 것입니다. 아마도 그 후로 더블린에 와서 사신 것 같습니다.

몽스타운(Monkstown)에서 이십여 년을 살았으니 아주머니에겐 고향이나 다름없지요. 가끔 엽서로 안부를 전해 주시고 저희가 찾아가면 햇살 가득한 아주머니의 정원에서 식물도감을 꺼내어 전통적인 영국 정원의 모습을 보여 주기도 하고, 얼마 전에는 후배를 통해 손수 정원에서 가꾼 라벤더 한 묶음을 예쁜 리본에 묶어 보내 주셨지요. 인테리어가 전공인 아주머니의 솜씨는 참 단아합니다. 모던하면서도 경박하지 않은 집안의 꾸밈새도 그렇고 검정 니트를 즐겨 입는 것도 보기 좋습니다.

후배의 귀국에 맞추어 우리는 이동이 불편한 아주머니를 위해 집 근처 레스토랑에 갔습니다. 마지막 만찬이었지요. 딸아이의 재롱에 투병 생활로 힘들어 하는 아주머니의 얼굴이 모처럼 환해집니다. "율이는 확실히 더블린 악센트인데" 하시면서 아이의 말을 따라하시며 웃는 모습이 참 좋습니다.

"후배가 귀국해도 가끔 찾아올게요. 저희 가족이 아주머니 건강해져서 부모님 뵈러 영국에 다녀올 수 있도록 기도할게요. 힘내세요. 아주머니."

크게 웃던 아주머니는 이내 제가 교회 가서 기도하면 당신 부모님이 놀랄 거라고 하더군요. 여전히 아주머니는 고향 근처에는 가시지 않는 것 같습니다. 부모님이라고 말할 때 떨리던 아주머니의 눈가가 그것을 말해 줍니다.

"우리 부모님은 아마도 나를 용서하지 않을 거야."

혼잣말처럼 하신 그 말이 마지막 인사를 나눌 때까지 머리에서 떠나질 않습니다. 나는 희망합니다. 가까운 미래에 더블린 항구에서 홀리헤드(Holyhead, 아일랜드 해협을 건너는 배가 영국에 도착하는 항구 도시 이름)까지 아주머니와 함께 배를 타고 그녀의 고향길에 길동무가 되어 주기를, 더 늦기 전에 그녀가 그리워하는 가족들에게 사랑한다고 말할 수 있기를······.

잊혀진 장소를 찾아서

"근저는 실존에 선행한다."

일본의 신학자 야기 세이찌가 한 말입니다. 조금 어려운 것 같지만 쉽게 표현하면, 한 인간의 실존은 그 실존적 현실의 바탕이 되는 장소적 문제에 의해서 먼저 이해해야 한다는 의미입니다. 이 말을 알게 된 지는 오래전이지만, 더블린에서 살면서 더욱 실감나는 말입니다. 내가 선 곳을 잃어버리면 결국 우리가 왜 여기에 존재하는지에 대한 문제도 흔들릴 수 있기 때문입니다.

사실 더블린에서 간절히 찾고 싶은 장소가 있습니다. 그곳은 제임스 조이스가 블룸의 실제 여주인공을 만난 거리도 아니고, 보노가 처음 자신의 음악을 불렀던 더블린의 뒷골목도 아닙니다. 그 장소를 이야기하려면 1938년으로 거슬러 올라가야 합니다. 1907년, 49세에 헤이그에서 순국한 이준 열사가 있었다면, 1938년에 더블린과 연관해서는 안익태 선생이 있습니다.

〈한국 환상곡〉은 그가 미국 생활을 거쳐 유럽에서 음악을 공부하던 시기인 1936~1937년 사이에 만들어졌습니다. 그는 〈한국 환상곡〉을 일본의 손길에서 비교적 멀리 떨어져 있는 유럽에서 완성했습니다. 하지만 이 곡을 초연할 곳이 마땅치 않았나 봅니다. 유럽의 여러 오케스트라에 〈한국 환상곡〉의 초연을 의뢰했는데 이에 흔쾌히 응답한 나라가 바로 아일랜드입니다. 당시 독립한 지 얼마 안 되었기에 인지상정의 마음이 있었는지 〈한국 환상곡〉, 애국가 연주를 처음으로 허락한 곳이 바로 더블린이라는 기록이 무척이나 가슴 뛰게 합니다(물론 정확한 기록은 아직 확인되지 못했다. 유럽의 다른 도시에서 아일랜드 국립오케스트라와 연주했다는 설도 있다).

더블린에서 살면서 틈나는 대로 초연 장소를 찾아보려고 노력했으나 실패했습니다. 그러던 중에 필립이라는 한 사서를 만났습니다. 아내의 파이프 오르간 선생님께서 소개해 주셨지요.

"이 사람이 정말 귀한 정보들을 많이 알고 있어요. 이 사람이면 아마 찾아 줄 수 있을 겁니다."

역시 아일랜드 왕립 음악원(RIAM) 도서관에서 만난 필립은 첫인상부터 범상치 않았습니다. 그의 실력과 지식이 어느 정도인지 점검할 요량으로 마이클 발페의 오페라에 대해서 물었습니다.

"발페의 오페라 〈보헤미안 여인〉은 왜 더블린에서 공연을 안 합니까?"

이렇게 묻자, 그의 눈빛이 달라지더군요. 이 정도 인물이라면 〈한국 환상곡〉이 초연된 장소를 찾아낼 수도 있겠다는 생각이 들어서 그에게 대략적인 정보를 제공하고 돌아왔습니다.

그렇게 2주가 흘렀습니다. 그로부터 메일이 왔습니다. 내용인즉, 자기가 다 알아보았는데 아무래도 제대로 된 기록을 보려면 힘들더라도 국립도서관에 가서 1938년도 신문을 뒤져보아야 알겠다고 하더군요. 그리고 더블린 왕립협회(Royal Dublin Society)에도 의뢰를 하라고 하더군요. 정말 대단한 사서였습니다. 이것을 찾느라 무척이나 고생한 흔적이 역력했습니다. 필립이라는 괴짜 사서 덕분에 다시금 초연 장소가 어디인지, 더블린이 확실히 맞는지 궁금해집니다. 기다림 없이 되는 일은 없나 봅니다. 먼 훗날, 그 누군가가 더블린에 잠시 머물렀던 것만으로도 행복하게 기억되면 좋겠습니다.

한국 찬송가에는 아일랜드 OO도 들어 있다

"목사님, 제가 한국을 떠나던 해가 1973년이었어요. 저의 한국에 대한 이해는 그 당시 수준이에요. 가요도, 서울 거리도, 종로에 있는 식당 이름도 다 그 시절에서 정지된 거지요."

더블린에 일 년여의 출장을 오셨다가 회갑을 한 해 앞두고 시카고로 돌아가신 선우 집사님의 말씀입니다. 당시에는 그 말이 무슨 뜻인지 잘 몰랐는데, 더블린에서 네 번째 해를 보내면서 집사님의 말에 저도 모르게 고개가 끄덕여집니다.

제가 한국을 떠난 해가 2005년 가을입니다. 당시 〈스폰지〉라는 텔레비전 프로그램이 유명했는데, 패널로 참석한 연예인들이 평소 알려지지 않은 사실을 맞추는 것입니다. 다 잊고 살다가 오늘 글의 제목을 정하다 보니 갑자기 생각났습니다.

위 질문에 답은 '민요' 도 입니다. 바로 찬송가 533장, 〈내 맘의 주여 소망되소서 Be Thou My Vision〉이지요. 대중에게 잘 알려진 〈Water is wide〉라는 곡이 스코틀랜드 민요라면, 우리가 예배 때 부르는 이 찬송가는 무려 천 년이 더 된 아일랜드 전통 곡조에 찬양 가사를 만들어 넣은 것이지요. 여러분이 아일랜드에 도착했을 때 왠지 모를 정겨움을 느꼈다면 우리가 어린 시절 뜻도 모르고 부르던 이 곡의 정서적 감흥이 원인이라고 유추해 봅니다.

토마스 모어의 시로 만들어진 〈The last rose of the summer〉가 주관적 아일랜드의 정서를 담고 있다면, 이 곡 〈Be Thou My Vision〉은 공동체적이며 관계적인 정서가 담긴 중세 켈틱 기독교의 한 단면을 그대로 전해 주는 듯합니다. 후에 이 곡은 영국과 미국의 개신교 찬송가에 실리게 되었습니다.

또 한 가지 흥미로운 사실은 이 곡이 아일랜드 교회의 영어 찬송으로 편곡된 1900년대 초에는 5절까지 가사가 있었다는 것입니다. 한국 찬송가 533장에는 4절만 소개되었는데요. 빠진 절이 바로 3절입니다.

내 맘의 주여 소망되소서. 주님은 나의 기쁨이시며 나의 피난처
시고 나의 높은 성이시니

물질 축복과 지나친 자기 사랑에 빠진 우리의 신앙고백과 너무

나 대조적이며 깊은 울림이 있습니다. 언어는 그것을 사용하는 사람의 인격이라고 했는데, 우리가 사용하는 언어가 얼마나 기복적이며 제한적인지 아일랜드 찬송시와 비교해 보면 그 차이가 드러납니다. 한국 찬송가에는 3절 마지막 글귀의 '높은 성'이 실리지 못했습니다. 만일 5절이나 다른 절이 빠지고 3절이 한국 찬송가로 번역되었다면 우리는 이 곡이 아일랜드 민요임을 빨리 알 수 있었을 것입니다.

아일랜드 고대 기독교의 두 상징인 하이크로스(High Cross)와 원형타워(round tower)는 척박한 땅에서 일군 일용할 양식마저 바이킹들에게 약탈당하면서도 여전히 그들에게 남아 있던 인간됨의 위엄(dignity)와 기쁨(delight)입니다. 바이킹이 침략해 오면 이 탑은 피난처로 변하고 마침내 견고한 높은 성(high tower)가 되었을 것입니다. 고통이 숙성시킨 위엄과 생의 의미를 구하는 환희! 그렇게 조상들이 지켜낸 아일랜드 문화의 위엄과 기쁨을 계승하여 중세와 근대를 넘어서 지금까지 유럽과 미국의 거대도시 한복판에서도 기죽지 않고 고집스럽게 보드란과 틴 휘슬을 연주하는 그 당당함. 거리에서나 공연장에서나 한결같은 그 거룩한 고집.

고도를 기다리며

　연극하면 떠오르는 곳이 대학로입니다. "그 햇빛 타는 거리에 서면 나는 영원한 자유인일세"라는 가사와 함께 생각나는 정겨운 동숭동 거리, 마로니에 공원과 샘터사 주변으로 들어선 소극장들은 카페나 식당에 밀려 뒷골목으로 멀어져 갔지만 그래도 연극을 볼 수 있었던 문화적 향유는 젊은 날의 소중한 기억들로 남아 있습니다. 서독에서도, 미국에서도, 동독에서도 만족스러운 삶을 살지 못한 작가 브레히트의 희극 〈서푼짜리 오페라〉와 〈사천의 선인〉을 보면서 짧은 독일어 실력으로 원본과 비교해 보고, 스스로의 해석에 만족하여 목청을 높이며 친구들과 토론하던 그리운 시절입니다. 영화가 줄 수 없는 무대의 팽팽한 긴장감으로 신선한 창작극을 대하고 늦은 밤 그 거리를 지나 종로를 빠져나오면 한산한 광화문을 거닐며 잠들 수 없었던 서울의 가을 밤!

그러던 어느 날 책으로 접하게 된 작품이 〈고도를 기다리며〉입니다. 책표지 속의 사무엘 베케트의 누벨바그적인 예사롭지 않은 인상에 흠칫 놀랐습니다. 더블린보다 프랑스에서 더 많은 활동을 했던 사무엘 베케트! 그도 힘겨웠던 시절의 여느 아일랜드 사람들과 크게 다르지 않아 오랫동안 타향을 떠돌아야 했지요. 제가 본 〈고도를 기다리며〉는 친구의 대학 축제 때 연극 동아리가 무대에 올렸던 것으로, 블라디미르와 에스트라공이 너무 억지 희화된 느낌까지 줄 정도로 완성도가 높지 않았습니다.

아일랜드의 뛰어난 작가들의 계보에 들어가는 인물들이 그러했듯이 사무엘 베케트도 이미 집필이 끝나고 연극으로도 성공한 자신의 작품에 대해서 상세한 설명 대신 무뚝뚝한 아일랜드적인 어투로 이렇게 말했다지요.

내 연극에서 어떤 철학이나 이데올로기를 발견하려 하지 마세요. 여러분은 그냥 연극을 즐기고 기뻐하면 됩니다. 뭐 정하고 싶으면, 연극이 끝나고 집에 돌아가서, 내 작품에 대해 자유롭게 생각하면 됩니다.

베케트는 이미 예술 작품은 단지 하나의 철학이나 이념에 얽매이지 않고, 그것을 넘어서는 작품 자체의 생명력을 재단할 수 있었던 고수답게 말합니다. '고도가 누구인지 집에 가서 곰곰이 생각해 보라고.'《율리시즈》의 설명에 인색했던 제임스 조이스처럼 베케트 역시 아일랜드 작가답게 답변했습니다.

그런데 2008년 가을에 대학로가 더블린으로 걸어옵니다. 극단 산울림의 〈고도를 기다리며〉가 트리니티 대학의 사무엘 베케트 센터(Samuel Beckett Centre) 설립을 기념하는 뜻깊은 자리에서 초청 공연을 수락했다고 합니다. 이 가을! 우린 더블린에서 한국어로 진행되는 〈고도를 기다리며〉를 볼 수 있습니다. 답답하게 자막까지 보아야 할 아일랜드 사람들 틈에서 모처럼 활짝 웃어 볼 수 있는 절호의 기회입니다. 그날을 기다립니다. 그리고 극의 마지막 장면처럼 고도를 기다립니다.

에스트라공 : 우리 헤어지는 게 어떨까? 그게 나을지도 몰라.

블라디미르 : 내일 목이나 매자. 고도가 안 오면 말이야.

에스트라공 : 만일 온다면?

블라디미르 : 그렇다면 우린 살게 되는 거지. 이제 그럼 갈까?

에스트라공 : 가자!

(그러나 둘은 움직이지 않는다.)

콘트랄토에 반하다

더블린에 처음 왔을 때 이런 얘기를 들었습니다.

"관광객들이 많은 템플 바를 거닐다 한가로운 펍이나 노천카페에 앉아 커피를 마시다 보면, 더러 유럽에서 활동하는 유명한 예술가나 영화배우들을 볼 수 있는 행운을 얻을 수 있다."

더블린은 그런 곳입니다. 화려하지 않지만 찾는 이가 누구든 심하게 다그치지 않지요. 큰 사람도 넉넉하게 품을 수 있는 더블린. 바로 그 더블린은 1742년에 커다란 명성에도 불구하고 심신이 지쳐 있었던 서른다섯 살의 위대한 음악가 헨델을 보듬어 주었습니다.

한 달 전 한국에서 대학합창단이 더블린에 왔을 때의 일입니다. 이들이 헨델의 〈메시아〉가 초연된 장소에 가고 싶어했습니다. 처음에는 당연히 두 개의 대예배당(Cathedral) 중에 하나려니 생각하고 조금 자세히 찾아보니, 크라이스트처치(Christchurch) 근처에 있었던 닐스 뮤직홀(Neal's Music Hall)이었다는 것을 알게 되었지요. 그것이 계기가 되어 가끔씩 이 거리를 찾아갑니다. 생의 한순간에 스스로의 존재가 불안해질 때 찾아가 거닐어 볼 만한 작은 골목입니다.

피섬블 스트리트(Fishamble street), 리피 강을 따라 서쪽으로 걸으면 만나게 되는 템플 바와 크라이스트처치 사이의 마지막 작은 골목. 헨델의 〈메시아〉가 초연되었던 곳! 주변 건물이 없었으면 법원 앞에서 리피 강을 따라 이 골목을 걸어 올라가면서 오르막길이 주는 기대감을 느낄 수 있는 작은 도로가입니다. 지금 그 자리에는 조지 프레드릭 헨델 호텔(George Frederic Handel Hotel)이 있습니다. 해마다 4월 13일이면 염려와 근심이 많은 이들의 손을 잡고 또 찾아갈 것입니다.

1742년 4월 13일 헨델의 〈메시아〉 더블린 초연은 엄청난 성공이었고, 더블린 시민들의 열렬한 축하 속에서 대단원의 서막을 열었습니다. 그때의 감동이 서려 있는 이 호텔 벽의 일부는 여전히 그 감동을 품고 있겠지요. 더블린에 있는 두 개 대성당의 합창단이 동원되고 아일랜드 최고의 연주자와 성악가들이 헨델의 〈메시아〉를 위해 모였습니다.

《걸리버 여행기》의 저자로 유명한 조나단 스위프트는 당시 패트릭 성당의 주임신부였는데, 이 공연에 압력을 행사하여 자칫 더블린 초연이 무산될 뻔한 위기를 맞기도 했습니다. 아마도 함께 런던에서 오랜 활동을 했던 아일랜드의 지휘자 매튜 듀보(Matthew Dubourg)의 중재가 있지 않았을까 추측해 봅니다. 비좁은 극장에 너무 많은 사람이 몰릴 것을 염려해 여자들의 치마를 우아하게 만들어 주는 후프 착용을 금지했고, 남자들은 검을 착용할 수 없었습니다.

〈메시아〉의 수많은 주옥 같은 노래 중에서 저는 이 곡을 참 좋아합니다. 〈He was despised and rejected of men〉 알토가 부른 아리아이지요. 나중에 영국의 콘트랄토(contralto) 캐서린 페리어(Kathreen Ferrier)가 부른 알토 아리아는 여전히 많은 이들의 가슴에 헨델의 〈메시아〉와 더불어 오래도록 기억될 것입니다. 알토보다 더 낮은 음역, 그러니까 남자의 가장 높은 음역과 여자의 가장 낮은 음역, 두 차원의 다름을 향한 음역이 바로 콘트랄토의 자리입니다. 그래서 캐서린이 부른 알토 아리아가 저에게는 더 큰 울림이 됩니다. 이사야 50장과 53장의 킹제임스 성경(King James Version)을 인용한 구절이지요.

나를 때리는 자들에게 내 등을 맡기며 나의 수염을 뽑는 자들에게 나의 뺨을 맡기며 수욕과 침 뱉음을 피하려고 내 얼굴을 가리우지 아니하였느니라(이사야 50:6).

그는 주 앞에서 자라나기를 연한 순 같고 마른 땅에서 나온 줄기 같아서 고운 모양도 없고 풍채도 없은즉 우리의 보기에 흠모할 만한 아름다운 것이 없도다(이사야 53:2).

그 후 헨델은 다시 더블린을 다녀가지 않았습니다. 아니 너무 분주해서 찾아올 시간이 없었는지 모릅니다. 하지만 더블린에서 머물렀던 6~8개월의 시간은 서른다섯 헨델에게 오래도록 큰 기쁨과 젊은 날의 아름다움으로 기억되었을 것입니다. 헨델은 그를 반겨준 아일랜드를 '관대하고 친절한 나라'라고 추억했다지요. 화려한 소프라노나 테너가 아닌 콘트랄토 같은 더블린 사람들, 메시아는 그들에게 오십니다.

한 교실에서 만난 배관공과 대통령

먼저 다니던 대학원에 갔다가 반가운 얼굴을 보았습니다. 한 과목씩 선택해서 기독교 영성과 신학을 공부하던 배관공 아저씨! 그 수줍음 많던 배관공 아저씨를 만난 것은 2년 전입니다. 학교 주차장이 넓고 무료다 보니 이곳에 주차하고 근처에서 일을 보는 차들이 많기 때문에 그를 눈여겨보는 이는 없습니다.

공구와 연장을 화물용 밴에 두고, 노트와 펜을 들고 투박한 손으로 수업에 들어옵니다. '수업시간인데 뭘 고치러 왔나?' 이런 의구심으로 자신을 바라보는 대학원생들에게 눈인사를 하고 열심히 수업에 빠져듭니다.

당시 다니던 대학원에는 신학과 기독교 영성에 관련된 수업을 선택 과목으로 듣던 중년의 수강생들이 있었는데 그중 한 명이 아일랜드 여자 대통령 메리 매컬리스(Mary McAleese)입니다. 우리가 아는 한, 21세기 국제화 시대에 배관공과 대통령이 나란히 기독교 신학 선택 과목을 듣는 나라는 아마도 아일랜드가 유일할 것입니다. 행정력과 지성을 겸비한 그녀가 학교에 오면 경호원이 대학원 현관을 지키고 서 있습니다.

얼마 전에 우리가 예배드리는 아델라이드 교회의 관리인 로난을 한국 식당에 초대했습니다. "너는 왜 항상 바쁘니?"라고 묻자 그 이유를 말해 주더군요. 아주 젊고 성실한 로난은 교회 관리인을 하는 틈틈이 배관공 일도 하기 때문에 늘 분주했던 것입니다.

그의 건강한 땀과 미소가 좋습니다. 세상 구석구석에서 막힌 곳을 소통하게 하고, 하수와 상수를 구분해 주고 출입시켜 주는 일을 하는 사람이 배관공입니다. 하나님과 우리 인간의 중재자되신 예수님은 바로 한치 앞의 땅만 바라보고 사는 우리를 하늘로 연결시켜 주신 영혼의 배관공이지요. 그분은 모든 배관공의 보스, 원조 배관공 1호인 셈입니다.

오랜만에 캠퍼스에서 만난 배관공 아저씨. 그의 차를 보니 이번 학기에도 한 과목을 듣나 봅니다. 열려 있는 밴 안에 있는 공구가 눈에 들어옵니다. 답변이 짧은 그인지라 몇 마디 인사만 나누고 돌아왔지만, 잠시나마 그를 만나 흐뭇했습니다. 그를 바라보다, 문득 내 아버지의 창고가 떠올랐습니다.

어린 시절 아버지는 아끼는 연장들을 창고에 보관하고 가끔씩 꺼내어 닦으며 소중한 자식 대하듯 했지요. 가지런한 연장과 앉은뱅이책상 위에 펼쳐진 성경으로 떠오르는 유년의 기억 속에 아버지.

그를 만나고 돌아와 책상에 앉아 내 연장을 하나둘 살펴봅니다. 아침마다 눈을 뜨면 펼쳐 놓는 한영성경, 원문을 묵상할 때 찾아보는 그리스어 성경어휘사전(Greek Bible Lexicon), 일주일의 일정이 들어 있는 수첩, 천오백 페이지가 넘는 반 고흐의 편지 영역본 세 권, 그리고 산만할 때 밝히는 쓰다 남은 초……. 얼마나 세월이 흘러야 내 연장에도 성실한 땀과 기도가 스며들어, 영혼을 위로하는 거룩한 흔적이 새겨질지 모르겠습니다.

"아빠, 엄마가 저녁 드시래요."

갑자기 깊은 생각을 깨우는 소리로 딸아이가 책상으로 달려듭니다.

"응, 알았어. 아빠 연장 챙기고 바로 일어날게."

제 말이 답답했는지 엄마에게로 달려가는 아이의 외침입니다.

"엄마, 연장이 뭐야?"

4부

길에서 만난 친구들

더블린한인교회는 어쩌면 사회적 지위, 학벌, 지역, 돈과 같은 불순물 때문에 복음이 왜곡되는 한국 교회보다 더 순수하게 복음을 만날 수 있는 공간일지 모른다.

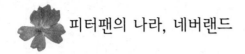# 피터팬의 나라, 네버랜드

'피터팬의 나라, 네버랜드. 어쩌면 나는 1년 동안 긴 꿈속을 동화 나라에서 헤맨 것은 아닐까?'

2007년 1월 1일, 더블린 공항을 떠나면서, 늘 그러했던 아일랜드의 잿빛 하늘과 수많은 이야기를 간직한 무언의 푸른 바다를 바라보며 들었던 생각이다.

영어도 배우고 유럽의 사고와 삶에 대한 식견도 넓히겠다며 도착한 더블린에서 처음 접한 것은 도로 표지판의 낯선 겔릭어. 내가 잘못 온 것은 아닐까, 이 나라에서 영어를 배울 수는 있을까? 하지만 1년의 시간을 지내면서 아일랜드에서 영어를 배운다는 것이 무슨 의미인지 조금씩 알게 되었다. 약 700년을 영국 식민지로 살면서 그들의 말을 사용할 수 밖에 없었던 아일랜드인의 삶.

대한민국과 너무도 흡사한 아일랜드의 역사와 문화. 나는 단순히 영어와 유럽을 배운 것이 아니라 또 다른 대한민국을 낯선 땅 아일랜드에서 배웠다. 이런 장소에서 시작된 한인들의 교회 역시 남다른 의미가 있다. 전 인구의 90퍼센트 이상이 가톨릭 신자인 나라. 구교와 신교의 갈등으로 우리의 남북한 이념 갈등 못지않은 상처를 아일랜드 공화국과 북아일랜드에 남긴 나라. 거리에서 마주치는 동양인들이 자연스럽게 중국어로 말을 거는 나라. 이곳에서 교회로 모인 한국인들의 이야기는 언젠가는 회자될 또 다른 역사로 남게 될 것이다.

수많은 거절을 겪으면서도 온 가족과 함께 의지할 곳 없는 낯선 땅에서 교회 사역을 시작하신 박용남 목사님, 한국인들의 작은 교회 모임을 위해 기꺼이 자신의 기숙사를 내어 주셨던 황형주 선생님, 한국인들과의 만남을 자신의 사명으로 알고 늘 도움을 주셨던 로나 박사님, 영어 때문에 한국인들과의 만남을 꺼리는 유학생들 속에서도 복음 때문에 함께하기로 마음먹었던 영희, 현우, 효창, 주호, 용섭, 그리고 기꺼이 함께 모여준 많은 한국인들. 이들이 모인 더블린한인교회는 어쩌면 사회적 지위, 학벌, 지역, 돈과 같은 불순물 때문에 복음이 왜곡되는 한국 교회보다 더 순수하게 복음을 만날 수 있는 공간일지 모른다.

한국으로 돌아오는 길에 7개 국의 17개 도시를 2개월 동안 여행했다. 함께한 이들과 계획한 여행의 테마는 교회, 한국인, 정치였다. 여행 중에 주일마다 일부러 한인 교회를 찾아 예배드렸다. 많은 목사님들이 낯선 타지에서 오직 복음을 위해 어려운 사역을 하고 계셨다. 그러나 그분들 중 어느 한 분도 자신의 어려움을 한탄하거나 자랑하지 않으셨다. 오직 하나님이 채워 주시고 보살펴 주시는 기쁨에 자신의 낮아짐을 자랑하셨다.

돌아보면 아일랜드에서의 내 상황은 꽤나 어려웠던 것 같다. 당시에는 몰랐지만 슈퍼마켓에서 고기를 썰고 야채를 팔았던 일들이 쉬운 일은 아니었다. 하지만 이 역시 하나님이 채워 주신 것이기에 너무도 즐겁고 감사한 시간이었다. 무엇보다 그 과정을 통해 더블린한인교회를 만난 것은 내 인생 최고의 축복 중 하나다.

더블린한인교회는 지금도 그들의 역사를 쓰고 있다. 어쩌면 많은 이들에게 이 역사는 그다지 중요하거나 관심있는 이야기는 아닐지도 모른다. 유럽의 수많은 국가 중에 아일랜드는 변방이다. 그리고 그곳에 사는 한국인도 변방 사람이다. 더욱이 한인 교회는 작은 모임 중에서 가장 작은 모임이다. 그러나 하나님의 역사는 작고 낮은 사람들의 이야기에서 시작되었다. 그래서 위대하다.

서명호

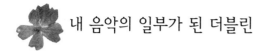
내 음악의 일부가 된 더블린

2007년 9월, 스무 번째 생일을 앞두고 오게 된 유학. 더블린과의 첫 만남의 기억이 새롭습니다. 대부분의 선배들이 택했던 독일이나 미국이 아닌 아일랜드로 결정했던 그때. 밝은 얼굴을 하고 있었지만 늘 경쟁으로 인한 팽팽한 긴장감 속에서 상처받고 지친제 마음은 두려움 반 설렘 반이었습니다. 힘들었던 경쟁 사회를떠나 순수하게 음악에만 집중하고 싶었던 제게 아일랜드는 정말적합한 곳이었고, 아는 사람 하나 없고 아무도 택하지 않았던 이곳에 있는 동안 음악계에서 잊혀질 것 같다는 불안함을 주는 곳이기도 했습니다.

단 한번의 레슨을 통해 존 오코너 선생님의 음악적 깊이와 음악에 대한 열정, 그리고 무엇보다도 제 마음을 사로잡았던 선생님의따스한 성품을 충분히 느낄 수 있었던 제게 더블린 행은 거부할 수 없는 선택이었습니다. 비록 잦은 비바람과 언어 때문에 어려움은 있었지만 맑은 날이면 한국에서는 볼 수 없었던 파란 하늘과 초록빛 가득한 아기자기한 더블린을 보면서 하나님의 사랑과 위로를 충분히 느꼈고 오코너 선생님과의 공부는 큰 기쁨이었습니다. 바쁘신 오코너 선생님을 통해 만난 튜레이스 파히 선생님과의 인연도 하나님께서 주신 소중한 선물입니다. 하지만 지금 생각해도 피아노 연습 환경은 정말 심각한 문제였습니다.

유학을 결정하고 집을 구할 때 알고 지낸 말레이시아 교수님을 통해 더블린에 살고 있던 자제 분이 내놓으신 아파트를 구해서 정말 하나님이 예비하시고 인도해 주시는구나 생각했습니다. 학교에 따로 연습실이 없고 그나마 겨우 사용했던 빈 연습실도 주일이면 문을 닫아서 집에서만 연습을 해야 할 처지라서 집 구하기가 더욱 어려웠습니다. 낮 시간에만 연습을 허락한다는 조건으로 집을 얻었지만, 옆집 사람이 시끄럽다고 벽을 두드릴 때마다 멈춰야만 했고 결국 이사를 해야 했습니다. 그 후 습한 집을 얻어 피아노를 걱정하기도 했고 작은 난로에 손을 녹이며 연습했던 더블린의 길고 길었던 겨울도 떠오릅니다. 하지만 파란 하늘을 바라보며 마음껏 연습할 수 있는 지금의 예쁜 집을 허락해 주신 하나님께 진심으로 감사하는 이유는 그 힘들었던 시간이 있었기 때문입니다. 그때의 아픔으로 선하신 하나님을 늘 의지하게 하시고 아직도 많이 부족하지만 저에게 허락하신 음악으로 고통받고 아파하는 사람들을 따뜻하게 위로해 줄 수 있도록 가르쳐 주셨습니다. 쇼팽을 좋아했던 10대를 지나 더 많은 작곡가의 음악을 담아 내면서 5년의 유학 기간은 앞으로 계속해서 더해질 제 이야기의 견고한 밑그림이 되어 주었고 다양한 소재를 마련해 준 귀한 시간입니다.

하나님께 감사드릴 것이 참 많지만 가장 감사한 것은 더블린한인교회를 섬기게 해주신 것입니다. 더블린한인교회가 불과 제가 오기 2년 전인 2005년에 세워졌다는 목사님의 얘기를 듣고 어디서든 우리나라 말로 찬양하고 말씀을 들을 수 있는 한인 교회를 당연하게 기대했던 저는 하나님의 은혜에 정말 감격했고 전 세계에서 일하시는 선교사님들과 목사님들, 그리고 선교에 대해서도 새롭게 생각하게 되었습니다. 더블린한인교회를 섬기며 찬양 선교에 대한 꿈을 더욱 키우게 되었습니다.

6일 동안 외국인으로 생활하다가 주일에 목사님을 통해 우리나라 말로 분명한 하나님의 메시지를 들으며 함께 찬양하고 교제를 나누는 기쁨과 위로가 얼마나 컸는지는 말로 다 표현할 수 없습니다. 콩쿠르에 나갈 때마다 바쁜 시간을 내서서 리허설을 지켜봐 주시고 연주 때마다 금식하며 기도해 주셨던 베토벤 마니아 목사님, 피아노를 전공하셨고 지금도 오르간을 연주하셔서 그 누구보다 잘 이해해 주셨던 사모님, 늘 사랑과 관심으로 기도해 주시며 인터넷으로 제 연주를 들어 주시고 콩쿠르의 순간순간을 함께 웃고 함께 울어 주셨던 목 교수님 부부를 결코 잊지 못할 것입니다. 그리고 한마음으로 기도해 주신 더블린한인교회의 모든 성도님께 일일이 다 표현 못했지만 감사한 마음이 넘칩니다.

5년이라는 시간 동안 하나님께서 이곳 더블린에서 베풀어 주신 사랑은 제가 부족하여 다 깨닫지 못했어도 놀랍도록 넘치는 어마어마한 크기의 사랑임을 고백합니다. 오늘도 내일도 동일하신 하나님의 사랑을 늘 기대하며, 이제까지 저를 사랑으로 인도해 주시고 책임져 주신 하나님을 늘 찬양하는 주님을 위한 피아니스트로 제가 더욱 성장할 수 있도록 앞으로도 기도 많이 해주세요.

안수정(아일랜드 왕립음악원)

※ 안수정 자매는 2012년 3월 스페인에서 열리는 마리아 카날스 국제 음악 콩쿠르(Maria Canals International Music Competition)에서 세계적인 젊은 피아니스트들과 경연하여 최고의 자리에 올랐다.

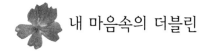

내 마음속의 더블린

4월 첫날부터 쏟아지는 폭우와 바람으로 베트남에 온 지 8개월 만에 수면 양말을 신고 잠을 잤습니다. 늘 더워서 선풍기와 가벼운 옷차림으로 자던 저에게는 낯선 밤입니다. 고작 한 번의 가을과 한 번의 겨울을 지냈을 뿐인데 이날 느낀 한기는 반가우면서도 어색합니다. 늘 마음속에 있는 더블린한인교회의 홈페이지를 방문할 때면 친숙하지만 어딘가 낯선 풍경과 이야기에 지나간 세월을 느낍니다.

6년 전 가을, 더블린의 서늘한 밤공기와 높고 선명하게 반짝이던 달조차 동경의 대상으로 바라보며 목적 없는 어학연수 생활을 시작했습니다. 영어만 마스터하면 모든 일이 잘 풀릴 것 같은 환상과 외국에 있는 것만으로도 저절로 영어가 늘 것이라는 착각 속에 있던 제가 더블린한인교회에 와서 목사님을 만나 목사님의 친절한 갈급(?)을 정기적으로 들을 수 있었던 것은 참 다행스러운 일입니다.

스무 살 이후 누구의 간섭도 허용하지 않았던 제가 서른 살이 넘어서 목사님의 조언에 귀 기울인 것은 적극적인 쓴소리 덕분입니다. 목사님도 학생이셨기 때문에 해줄 수 있는 조언, 만학도로서의 성실함, 그리고 주님의 종으로서 성장과 속도가 아닌 그리스도와의 동행을 목적으로 하는 목회 철학은 고삐 풀린 망아지처럼 날뛰던 저를 다독이기에 충분했습니다. 거기에 넉넉하고 맛좋은 사모님의 일품요리까지.

교회 어른들을 곱지 않은 시선으로 바라보던 제가 '저렇게 신앙생활하면서 나이들면 좋겠다' 하는 마음을 갖게 된 것도 더블린한인교회 덕분입니다. 그분들의 성숙한 인격과 사고방식에서 우러나오는 신앙 고백과 삶의 태도는 남 탓하기에 바빴던 저의 잘못된 생각을 바로잡고 제 자신을 인격과 믿음이 공존하는 바른 신앙인이 되도록 이끌어 주었습니다. 젊을 때 누군가의 삶을 보고 배울 수 있고 때로는 아프지만 누군가로부터 따끔한 조언을 받을 수 있다는 것은 청년의 복 중에 가장 큰 복이 아닐까 합니다.

청년 때의 가장 큰 복을 누렸음에도 불구하고 제가 정신을 차리고 산 것은 아닙니다. 그랬다면 얼마나 좋았을까요. 6년 전에도, 1년 9개월의 어학연수를 마치고 귀국한 후에도 줄곧 본질을 놓친 채 살았습니다. 하나님 자리에 하나님이 아닌 것을 채워 놓고 살다보니 그 길의 끝은 허무뿐이었습니다.

어떤 것에서도 기쁨을 얻지 못했던 저는 서른 살 초여름, 늘 마음에 미뤄 두었던 부르심─선교사─을 확인하는 길을 떠났습니다. 9개월째 베트남에 있으면서 저는 아직도 다듬어지고 있습니다. 선교사로서의 부르심을 확인하는 게 두려워 그토록 하나님을 주인으로 인정하는 것이 싫었었나 봅니다. 이런 저를 기다려 주신 하나님께 감사합니다. 가끔 왜 더 일찍 깨닫지 못했을까 하는 후회가 밀려올 때가 있습니다. 서로의 생김새가 다르듯 기질도, 재능도, 부르심도 저마다 다른 우리입니다.

그리스도와 함께 걸어 온 7년 동안 수많은 사람들이 오고 갔을 더블린한인교회. 그곳에서 한결같이 주님의 종으로 자리를 지키고 계시는 목사님과 사모님, 교회와 목회자를 도와 섬기는 믿음의 집사님들과 형제자매들이 계시기에 6년 전의 저처럼 방황하는 젊은 양들이 무심코 왔다가 돌아갈 때, 그리스도의 소망을 마음에 품고 가리라 믿습니다. 언제나 오직 예수 그리스도와 동행하며 살아가는 더블린한인교회가 되기를 주님의 이름으로 기도합니다.

윤나나 선교사(베트남)

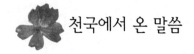

천국에서 온 말씀

제가 아일랜드에서 다니던 중고등학교(Secondary school), 성 패트릭 성당 중등학교(St. Patrick's Cathedral Grammar School). 이 학교 이름을 증명해 주는 성 패트릭 성당에는 많은 사람들이 찾아옵니다. 그들은 대부분 더블린 관광객들이며, 아일랜드 수호성인의 이름이 붙여진 큰 성당을 보러 이곳까지 옵니다. 그러나 패트릭 성당을 찾는 것은 단순히 그들만이 아닙니다. 일주일에 한두 번 오후 시간에는 패트릭 성당의 할아버지, 할머니들이 예배를 드리러 혹은 기도하시러 오십니다. 그들이 교인인지, 관광객인지는 옷차림으로 알 수 있습니다. 할머니들은 긴 치마에 커다란 모자나 코트를 입으시고, 할아버지들은 중절모에 인생의 향기가 묻어나는 양복을 입고 오십니다. 저는 그분들을 볼 때마다 낯설지 않습니다. 중절모에 양복, 그리고 지팡이. 이 모습은 생전의 제 외할아버지의 모습을 연상케 합니다.

고향이 북한이신 외할아버지께서는 한국전쟁 때 홀로 피난 오셨습니다. 아는 사람 없는 새로운 환경, 어수선하고 암울한 분위기에서 새 삶을 시작하려는 외할아버지 앞에는 많은 장애물이 있었습니다. 그러나 외할아버지께서는 젊으셨을 때, 일본인의 협박과 고문에 왼쪽 약지 손가락의 반을 잃으셨음에도 불구하고 굳건히 신앙을 지키셨습니다.

제가 어머니 뱃속에 있을 때 외할머니께서 암으로 소천하셔서 외할아버지는 남한 땅에서 제일 사랑하시던 분을 잃으셨습니다. 홀로 외로운 길을 걸으셨음에도 불구하고 외할아버지는 힘들어하시는 모습을 보이지 않고 항상 저희들에게 웃으면서 말씀하셨습니다. 예수님을 닮으라고, 신앙 안에 박사가 되라고……. 학위를 가진 박사가 되란 것은 아니셨지만 저희들이 박사처럼 지식과 지혜를 가진 훌륭한 사람이 되길 원하셨습니다.

제가 중3 때, 굳건한 믿음을 소유하셨던 외할아버지도 치매와 함께 찾아온 중풍 앞에서 힘없이 무너지시는 모습을 지켜봐야 했습니다. 이렇듯 제 기억 속에 남은 외할아버지는 병상에 홀로 누워 계시는 모습입니다. 치매 때문에 정신이 온전치 못함에도 불구하고 장로님이셨던 외할아버지는 어떤 사람도 듣지 않는 예배를 조용히 드리셨습니다.

그러던 2005년 가을 새벽, 외할아버지는 조용히 하나님의 부르심을 받았습니다.

2006년 여름, 우리 가족은 외할머니와 외할아버지의 산소가 있는 대구에 갔습니다. 조부모님 산소 앞에서 항상 예배를 드리던 저희 가족은 그날 예배 준비를 하지 못해서 곤란했습니다. 특히 그날은 제가 아일랜드로 가기 전 마지막 날입니다. 저는 하나님께 '주님! 말씀을 주십시오!' 라며 외할아버지께서 살아 계셨다면 무슨 말씀을 주셨을까 생각하며 성경책을 펼쳤습니다. 놀랍게도 펼쳐진 말씀은 역대하 20장 12절입니다.

우리 하나님이여 저희를 징벌하지 아니하시나이까 우리를 치러 오는 이 큰 무리를 우리가 대적할 능력이 없고 어떻게 할 줄도 알지 못하옵고 오직 주만 바라보나이다

"오직 주만 바라보나이다." 모압과 암몬이 이스라엘의 은혜를 저버리고 쳐들어올 때 여호사밧이 남유다의 모든 사람 앞에서 한 기도였습니다. 저는 이 말씀이야말로 힘들 때 오직 주만 바라보라는, 외할아버지께서 천국에서 우리에게 읽어 주셨을 말씀이라고 생각합니다. 힘든 더블린 유학 생활에서 엇나가고 위태롭더라도 항상 제게 힘이 되는, 천국에서 온 말씀이 있었기에 부족하더라도

'오직 주님만을 바라봅니다' 라는 마음을 가졌는지 모르겠습니다.

오직 한길만 달려오신 외할아버지를 닮긴 힘들어도 순례자의 삶을 가셨던 발걸음을 좇으며 생전에 가정 예배 설교시간에 저희들에게 열 번도 더 말씀하셨던 성경구절을, 그렇게 키와 지혜가 자라길 저희에게 바라는 하나님의 마음을 지니신 외할아버지의 믿음을 다시 한 번 생각해 봅니다.

"예수는 그 지혜와 그 키가 자라가며 하나님과 사람에게 더 사랑스러워 가시더라"(누가복음 3:52).

오수빈

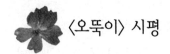 〈오뚝이〉 시평

박용남 목사

아이는 서툰 손길로

오뚝이를 밀어젖힌다

쓰러지면서도

어쩌면 그리 고운

은방울 소릴 낼 수 있을까

그럴 수 있다면…

초저녁 모퉁이서

낙엽처럼 스러져도

부리가 다 닳도록 바닥을 쪼아대면서도

그렇게 제 소리를 내면서

다시 또 일어서려는…

일어서 웃는 사람보다

더 아름다운

쓰러지는 자의 노래여

거룩한 본능이여

유대 철학자이자 영성가인 아브라함 요수아 헷셀은 "의란 하나의 덕목이 아니다. 그것은 인간의 삶에서 차지하는 하나님의 몫이요, 인간의 역사에 내기를 건 하나님의 밑천"이라고 말합니다.

이는 인간이 추론해서 만들어 낸 것이 아니라, 선험적으로 우리에게 주어진 것이라고 합니다. 다시 말하면, 인간이 느끼는 부조리는 궁극적으로 부조리가 아니라는 것입니다. 하나님의 밑천은 사고파는 것에 해당하지 않으며, 그 어떤 상황에서도 왜곡되거나 변질될 수 없습니다. 이러한 믿음으로 사는 사람들은 부조리가 더할수록 고난의 역사를 경험할 수 밖에 없습니다. 그들이 겪는 고난은 하나님이 약속하신 궁극적 승리를 위한 고난이기에, 현실의 무게에 넘어질 수 없는 것입니다.

그러나 다행히 우리에게는 예수 그리스도의 십자가를 비롯해서 앞서간 이들의 흔적이 남아 있습니다. 십자가야말로 가장 커다란 눈앞의 부조리입니다. 하지만 그리스도는 그 부조리의 십자가를 넘어서서 역설의 십자가를 이루신 것입니다. 형장의 이슬로 사라진 디트리히 본회퍼 목사의 마지막 유언은 너무나도 유명합니다.

"이제 끝입니다. 그러나 나에게는 생명의 시작입니다."

주님의 고난을 묵상하는 이때에, 쓰러지면서도 고운 노래로 호흡을 멈추지 않았던 수없이 많은 하나님의 사람들을 떠올려 봅니다. 쓰러질 수 밖에 없는 부조리 속에서도 역설로 소리내어 일어서는 오뚝이가 새삼 고맙습니다. 시인이 말하듯 '제 소리'를 알았던 그들을 기억하며, 다시 일어서는 우리의 일상이 되면 좋겠습니다. 끝내 아름다울 것을 믿는 까닭입니다.

임태일 선교사(애리조나)

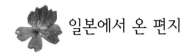 일본에서 온 편지

더블린한인교회 성도님들, 안녕하세요!

어머니의 성화에도 교회에 가지 않았었는데, 저는 더블린한인교회를 스스로 찾아 6개월 전까지 다녔습니다. 그곳을 떠난 지금, 솔직히 또 다시 남들과 똑같이 바쁜 일상 생활 속에서 기도와 하나님의 사랑을 잊고 살고 있습니다. 제가 사는 일본은 벚꽃이 한창입니다. 지금은 꽃잎들이 서서히 떨어지고 있습니다. 일본에서는 벚꽃이 만발한 날, 도시락 싸들고 꽃구경을 갑니다. 한국도 비슷하지요? 아쉽게도 벚꽃이 만발한 날에는 못 가고 어제 집에서 가까운 곳을 잠깐 다녀왔습니다. 그곳은 벚나무가 천 개나 있어서 역 이름도 사쿠라가오카(벚꽃 언덕)입니다. 벚꽃은 짧게 피었다가 지는 덧없는 꽃입니다. 봄에 피었다가 짧으면 일주일, 길면 열흘 동안만 자기의 아름다움을 잠깐 뽐내고 가버리는, 중간에 거센 봄바람이라도 불거나 비라도 오면 열흘이라는 삶의 시간마저 빼앗겨 버리는 허무한 꽃입니다. 짧은 시간을 살면서도 사람들에게는 너무나도 많은 것을 주고 가지요. 다음의 노랫말을 소개해 드립니다.

벚꽃

이름도 없는 꽃에는 이름을 붙여 주자

이 세상에 하나밖에 없는

겨울의 추위에 의기소침해지지 않도록

누군가의 목소리에 다시 일어날 수 있도록

땅 속에서 잠드는 생명의 덩어리

아스팔트를 밀어젖히고

만날 때마다 언제나 만날 수 없는 시간의 외로움을

서로 나눠 갖는 두 사람은 태양과 달과 같아.

열매가 되지 않는 꽃도 봉오리 채 지는 꽃도

당신과 누군가의 미래를

봄바람을 맞으며 바라보고 있네.

벚꽃 잎들이 질 때마다 전해지지 않는 마음이 또 하나

눈물과 미소로 지워져 가고

그리고 다시 어른이 되네.

쫓아갈 뿐인 슬픔은 강하고 맑은 슬픔은

언제까지나 변하지 않네.

잃지 말아줘 네 안에 피는 사랑을

거리 안에서 발견한 너는 외로운 듯이

인파에 휩쓸려 있었지.

그 시절의 맑은 눈동자 속의 빛이

시간의 빠름에 더럽혀지지 않도록

아무것도 말하지 말아줘, 말로는 안 될 거야.

흘린 눈물은 비가 되어

내 마음의 상처를 치유해 주네.

사람들은 모두 마음의 낭떠러지에서

놓고 싶지 않는 꽃이 있어.

그것은 힘찬 꽃이 아니라 덧없이 흔들리는 해바라기

꽃잎들의 수와 똑같이 살아가는 힘을 느끼고

폭풍이 불어 바람을 맞더라도

그치지 않는 비는 없을 거라고

벚꽃 잎들이 질 때마다

맹보용(일본)

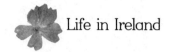 Life in Ireland

"Hi Justin! Good Morning!"

매일같이 학교에서 아일랜드 친구들과 인사를 주고받으면 하루
가 즐겁습니다. 이제 저를 모르는 사람이 거의 없는 학교 생활에
익숙해졌습니다. 가끔씩 아일랜드에 처음 왔을 때의 기억들이 새
롭습니다. '1년만 잘 살면 되는 거야. 뭐 그리 어려운 일도 아니잖
아?' 비행기 안에서 거듭 제 자신에게 다짐했습니다. 한국에서도
다른 건 몰라도 영어 하나는 잘했기 때문에 외국 생활에 대한 두
려움은 없었습니다. '그냥 집주인과 잘 지내고 학교 생활 잘하면
돼.' 이런 생각들이 사라지기 시작한 2월 중순, 제 인생에서 최악
의 수난기였던 그때를 잊을 수 없습니다.

앞으로 1년 동안 살게 될 집의 벨을 누르자 기다렸다는 듯이 문
을 열어준 파란 눈의 집주인을 보자 겁이 났습니다. 그때처럼 외

국인 눈이 그렇게 파랗게 보인 적이 없습니다. 특히, 노란 머리에 흰 피부, 파란 눈을 가진 저와 동갑인 집주인의 아들을 본 순간 앞으로 겪을 문화적 차이로 인한 어려움들이 머리를 스쳐갔습니다. 저와는 무척 많이 다른 백인 친구들. 과연 내가 어울릴 수 있을까?

처음 1~2주는 멋진 유럽풍 건물들을 보며 신기해 하고 사진 찍기에 바쁜, 나름대로 재미있는 시간을 보냈습니다. 하지만 서울의 명동보다도 작은, 그것도 하나밖에 없는 시티센터라는 곳에 익숙해지자 생활은 지겨워지고 재미없었습니다. 물 쓰듯 쓰던 돈도 줄어들고 무섭게 높은 물가에 먹고 싶은 것도 마음대로 못 먹는 신세가 되자, '이건 한국에서는 반만 주면 살 수 있는데.' '이건 한국의 거의 세 배잖아?' 하는 생각이 더 한국을 그립게 했습니다.

설상가상으로 말도 잘 통하지 않는 후견인과 집주인과의 갈등이 조금씩 생기면서 심지어 3·1절에는 눈물이 나더군요. 저도 모르게 애국가가 머릿속에 울리고, 한국을 그리워하는 마음은 절정에 달했습니다. 하루가 멀다 하고 한국에 전화하고 그저 힘들다고만 하고 중학교도 졸업 안하고 너무 어릴 때 왔다는 등 부모님을 걱정시키면서 하루를 10년 같이 살던 저는 두 달도 지나지 않아 귀국을 결정했습니다. 제가 한국으로 가겠다고 한마디만 하면 돌아갈 수 있는 상황에서 저는 이러지도 저러지도 못하고 혼자서 끙끙 앓았습니다. 무엇보다 그저 영어가 짜증나고 싫었습니다. '누

군가 나를 저스틴이 아닌 지호야라고 한번만 불러준다면……'

　그때였습니다. "지이… 호오… 효옹." 어색해도 너무 어색한 한국어, 이 목소리는 분명 존이었습니다. 처음 한국 이름을 물었을 때 장난기가 발동해 '지호 형!' 이라고 알려준 것을 기억했는지 웃으며 제 이름을 불렀습니다. 저는 생각을 바꿔 나가기 시작했습니다. '지금 내가 겪고 있는 일은 수많은 사람들이 한번쯤은 겪게 될, 자신을 바꾸는 기회일거야.' 저는 귀국을 보류하고 좀 더 노력해서 아일랜드에 적응하기로 결심했습니다. 시간이 지나고 어느 정도 잘 적응하고 생활하는 지금, 그때 돌아갔더라면 평생 후회했을지도 모릅니다. 이렇게 힘든 시간이 지나고 이제는 조금만 있으면 이곳의 모든 것을 추억으로 삼고 돌아가야 한다는 생각에 아쉽기만 합니다.

안지호